THÉÂTRE DU GYMNASE-DRAMATIQUE.

LA DÉESSE

COMÉDIE-VAUDEVILLE EN TROIS ACTES,

De MM. E. SCRIBE et XAVIER,

Représentée pour la première fois, à Paris, sur le théâtre du GYMNASE-DRAMATIQUE,
le 30 Octobre 1847.

PRIX : 60 CENTIMES.

PARIS
BECK, ÉDITEUR,
RUE GÎT-LE-COEUR, 12.
TRESSE, successeur de J.-N. BARBA, Palais-Royal.
AU DÉPOT CENTRAL, rue de Grammont, 14.

1847

BECK, ÉDITEUR, RUE GIT-LE-COEUR, 12

THÉATRE COMPLET

DE

MADAME ANCELOT

QUATRE VOLUMES IN-8

SUPERBE ÉDITION ORNÉE DE VINGT GRAVURES SUR BOIS

PAR M. PORRET

ET DE VINGT TÊTES D'EXPRESSION LITHOGRAPHIÉES

LES DESSINS SONT DE MADAME ANCELOT

Depuis que le théâtre existe en France, un petit nombre de femmes ont, de loin en loin, hasardé sur la scène quelques éphémères compositions plus ou moins agréables, mais toutes n'ont pu y faire que de rares et courtes apparitions. A madame Ancelot seule il a été donné de multiplier ses succès en multipliant ses travaux, de marquer par d'éclatants triomphes son passage sur cinq théâtres différents.

Le *Théâtre de madame Ancelot* est réuni et publié aujourd'hui pour la première fois dans son ensemble. Chacun de ces ouvrages rappelle un succès; plusieurs réveillent le souvenir d'une vogue immense: *Marie ou Trois Époques, Marguerite, l'Hôtel de Rambouillet, Clémence*, et *le Château de ma nièce*, ont joui du privilége, accordé à si peu d'œuvres, d'émouvoir la foule et de charmer les esprits d'élite.

Jouées sur tous les théâtres de l'Europe, traduites en anglais, en allemand, en italien, en espagnol et en russe, les comédies de madame Ancelot ont trouvé partout les mêmes sympathies. Nul auteur n'a plus approfondi le cœur de la femme ; nul n'a découvert avec plus de sagacité, révélé avec plus de finesse et de charme, les mystères de sa pensée, de ses émotions, de ses joies et de ses douleurs. Les vingt ouvrages que nous réunissons aujourd'hui sont, pour ainsi dire, une histoire complète de la femme dans toutes les positions, à travers toutes les épreuves de la vie.

Un grand succès est réservé, nous n'en doutons pas, à ce livre, qui offre au lecteur l'intérêt joint à l'amusement, et la plus douce morale unie à une fine gaieté ; qui cache toujours une haute raison sous le voile d'une action pathétique ou enjouée, comique ou saisissante, fait aimer la vertu et rire du ridicule, et, plaçant le bonheur véritable dans l'accomplissement du devoir, verse sur nos mystérieuses blessures le baume de l'espérance et de la consolation.

Autre élément de succès particulier à cette œuvre ! Madame Ancelot a créé vingt têtes d'expression qui reproduisent la pensée, le caractère de chacune de ses héroïnes. Ainsi, ces délicieux types de femmes, enfantés par sa féconde imagination, doivent une double existence à son double talent ; et le lecteur, dont l'âme et l'esprit se sont associés aux passions, aux sentiments, aux idées prêtées par l'auteur à *Marie*, à *Marguerite*, à *Hermance* et à tant d'autres, aimera à contempler les traits que leur a donnés le crayon de l'artiste.

Nous offrons aussi en tête de chaque pièce la principale scène de l'ouvrage, composée et dessinée par madame Ancelot, et gravée sur bois par M. Porret. Cet habile artiste, qui a fait faire de si grands pas à la gravure sur bois, a reproduit avec une fidélité, une finesse et une grâce exquises, l'idée, la pose et le mouvement des dessins que l'auteur a confiés à la délicatesse de son burin.

SOUSCRIPTION.

Quatre volumes in-8° paraissant du 15 au 20 décembre 1847.

Chaque comédie sera ornée d'une gravure représentant une scène de la pièce, et d'une tête d'expression caractérisant le principal rôle de femme.

Prix des quatre volumes. . . . . 20 fr.
Passé le 20 décembre, le prix sera de 30 fr.

THÉÂTRE COMPLET DE MADAME ANCELOT

FORMANT 4 VOLUMES IN-8, ORNÉS DE 20 VIGNETTES ET 20 TÊTES D'EXPRESSION

Dessinées par l'Auteur et gravées sur bois par **Porret**.

Prix de la Souscription : **20 francs pour Paris, 24 francs par la Poste.**

Bulletin de Souscription

Je soussigné
demeurant à
déclare souscrire pour   Exemplaire   du THÉÂTRE COMPLET DE
MADAME ANCELOT, publié par M. Beck, rue Git-le-Cœur, 12.
Cet ouvrage formera 4 volumes in-8, et paraîtra le 15 décembre prochain.
Je m'engage à payer, contre la remise dudit ouvrage, la somme de VINGT FRANCS.

Signature du Souscripteur.

Fait à   le   184

Remplir, plier et jeter à la poste.

Monsieur

BECK éditeur

du THÉATRE COMPLET DE MADAME ANCELOT

12, *rue Gît-le-Cœur*

PARIS

On trouve chez le même Libraire

OEUVRES DE M. LE VICOMTE DE CHATEAUBRIAND

10 VOLUMES IN-8 ILLUSTRÉS DE 50 VIGNETTES

Composées par G. STAAL, et gravées par F. DELANNOY et C. GEOFFROY

10 fr. le volume

Le Génie du christianisme. 2 volumes. — *Sous presse:* Les Martyrs. 2 volumes

---

Lagny. — Typographie et Stéréotypie de Giroux et Vialat.

LA DÉESSE,

COMÉDIE-VAUDEVILLE EN TROIS ACTES,

DE MM. E. SCRIBE ET XAVIER Saintine

Représentée pour la première fois, à Paris, sur le théâtre du GYMNASE-DRAMATIQUE, le 30 Octobre 1847.

PERSONNAGES.	ACTEURS.
NADJA, déesse...	Mme Rose-Chéri.
TRINCOLI, grand prêtre de la déesse..........................	MM. Blaisot.
MARDOCHE, sacrificateur..................................	Ferville.
SIMOUN, desservant de la pagode............................	Geoffroy.
SÉLINO, jeune acolyte attaché à la pagode....................	Deschamps.
ZILIA, nièce de Trincoli....................................	Mlle Marthe.
LE CAPITAINE D'ESTERVILLE, officier de la marine française...	M. Pastelot.
LA MARQUISE DE MONTAURON...............................	Mme Lambquin.
HORTENSE, fille de la Marquise.............................	Mlle Vallée.
GÉRONVAL, fermier général................................	M. Landrol.

La scène se passe, au premier acte, à Eldorado, île inconnue de la mer des Indes.

ACTE PREMIER.

Le théâtre représente le grand vestibule du temple de Mondiana.—Trois portes au fond : celle du milieu, qui conduit dans le sanctuaire où se tient la déesse, est fermée par un voile de gaze ; la porte à gauche conduit à un souterrain ; la porte à droite, dans des appartements intérieurs. Le reste du temple forme une rotonde soutenue par des colonnes. (Voir un dessin de ce genre dans l'*Univers pittoresque*. Ce décor sera à la volonté du peintre, à la condition d'observer l'indication suivante.) A droite, sur le premier plan, une porte conduisant aux cuisines, et près de cette porte, adossée dans le mur, en pan coupé, une statue assise de Brama. De l'autre côté, à gauche en regard, une statue ou un tableau représentant un singe vert.

SCENE PREMIÈRE.
TRINCOLI, SIMOUN.

SIMOUN, *assis, boit à même une bouteille, puis s'arrête en entendant entrer.*

Dieu ! le grand prêtre !.. (*Il cache sa bouteille, se lève et va à Trincoli.*) Salut au grand Trincoli, qui règne sur l'île d'Eldorado, chef suprême de la pagode de Mondiana...

TRINCOLI.

Assez ! quoi de nouveau ?

SIMOUN.

Des corbeilles de fleurs et de fruits, des paniers de gibier qu'on apporte pour la déesse, et, de plus, des étrangers, des Européens qui viennent de nous arriver.

TRINCOLI, *avec joie.*

Par un naufrage !.. on ne débarque jamais autrement dans ce beau pays, grâce aux récifs et bancs de corail qui nous entourent.

Air de : *De sommeiller encor, ma chère.*

Bien des voyageurs véridiques
Ont parlé de l'Eldorado,
De ses richesses authentiques...
Mais vu nos rochers à fleur d'eau,
Quand il y vient, nul ne nous quitte,
Et notre île, grâce à ce point,
Ne peut jamais être décrite
Que par ceux qui n'y viennent point.
Elle ne peut être décrite
Que par ceux, etc.

SIMOUN.

On voit d'ici... bien loin... bien loin en rade, deux gros vaisseaux à l'ancre... et une petite chaloupe vient d'aborder, montée par trois hommes....

TRINCOLI.

Que demandent-ils ?

SIMOUN.

Des renseignements au sujet d'un vaisseau naufragé il y a quatorze ans, venant d'un royaume nommé Bordeaux. Il portait, disent-ils, plusieurs passagers...

TRINCOLI, *brusquement.*

Qui ont tous péri !

SIMOUN.

Et un chargement de tonneaux du pays...

TRINCOLI.

Qu'on a presque tous sauvés... (*Regardant Simoun d'un air défiant.*) Vous en savez quelque chose...

SIMOUN, *effrayé.*

Moi !...

TRINCOLI.

Nous parlerons de cela ! songeons au plus pressé. (*A Jadèse qui entre.*) Qu'un de ces étrangers soit admis dans cette pagode... un seul... et qu'on fasse prévenir Mardoche.

SIMOUN, *effrayé.*

Le grand sacrificateur !

TRINCOLI.

Il a voyagé dans les Indes... il nous dira quels sont ces étrangers...

SIMOUN.

Pourquoi ne pas vous adresser tout uniment à notre déesse..... qui est la fille de Brama... qui sait tout ?...

TRINCOLI, *haussant les épaules.*

Qui sait tout ! c'est vous, Simoun, qui parlez ainsi ! vous, qui depuis vingt ans êtes portier de cette pagode ! Ecoutez-moi ? je me fais vieux... je suis souvent malade, et il me faut, pour me suppléer dans les grandes occasions... quelqu'un en qui je trouve un dévouement complet et aveugle...

SIMOUN.

Pour aveugle...

TRINCOLI.

Je le sais ! aujourd'hui déjà, pour me débarrasser d'un fardeau pesant... je marie Zilia, ma nièce.

SIMOUN.

Jour de fête pour la pagode... il faudra alors qu'il fasse beau temps, et la déesse...

TRINCOLI, *avec colère.*

La déesse !... Ah ! mon bon Simoun !... il y a des moments où je me surprends à regretter le Singe vert, prédécesseur de Nadja. Au moins, ce dieu-là... on en faisait ce qu'on voulait ! Je l'ai quelque fois rossé d'importance... Mais je le regrette !

SIMOUN.

Miséricorde ! vous avez battu notre divin Singe vert... une des incarnations de Brama !

TRINCOLI.

Encore Brama !... apprenez donc, Simoun, puisqu'il faut tout vous dire, que notre ancien dieu le Singe vert, (*Simoun se courbe avec respect.*) Au nom duquel je rendais des oracles et que j'étais parvenu à faire passer pour immortel, venait d'expirer dans mes bras...

SIMOUN.

Quoi !...

TRINCOLI.

D'une indigestion de noix de coco.

SIMOUN.

Il est mort ! réellement mort !

TRINCOLI.

Mon ami, vous êtes insupportable... oui mort, parfaitement mort. Mais il s'agissait de cacher au peuple cette fin triviale de la divinité qu'il adorait ; par une nuit sombre et orageuse j'enveloppai religieusement feu le Singe vert dans des bandelettes..

SIMOUN.

Sacrées !...

TRINCOLI.

Je lui attachai une pierre au col et je le jettai à la mer... C'est bien !

SIMOUN, *à part.*

Je frémis !

TRINCOLI.

Mais ce n'était pas tout ! il fallait lui trouver un remplaçant. J'y songeais en me promenant le long du rivage ! C'était le lendemain du naufrage qui jeta sur nos bords ces barriques de Bordeaux...

SIMOUN.

Ce nectar d'Occident...

TRINCOLI.

Dont je vous parlerai tout à l'heure ! Je m'occupais à les recueillir, ainsi qu'un instrument magique dont j'ignorais l'usage et que j'ai su depuis, par Mardoche, porter le nom barbare de baromètre... lorsque, nouveau miracle, j'aperçois dans un même berceau un garçon de quatre ou cinq ans et une petite fille charmante, de deux ans à peu près, poussés vers le rivage...

SIMOUN.

Par la volonté de Brama.

TRINCOLI.

Et par le naufrage de la veille ! le petit garçon, je le fis élever pour le service de la pagode. Et quant à la jeune fille... il m'était venu une idée... que vous n'auriez pas eue, Simoun...

SIMOUN.

Brama ne m'en envoie jamais !

TRINCOLI.

Je la dépose dans le sanctuaire, et bientôt le tam-tam sacré et l'oracle annoncent au peuple que le Singe vert vient de se transformer en une jeune déesse ! On accourt en foule, on crie au miracle, et grâce à cette innocente supercherie, je conserve ma puissance !

SIMOUN.

Homme de génie !

TRINCOLI.

Non ! car si j'avais pu prévoir l'avenir, j'aurais choisi un dieu plus facile à gouverner. Dans le commencement, cela allait bien. Nadja se laissait conduire, me laissait faire ! Ce n'est plus ça aujourd'hui ! Elle a des idées... des caprices... des volontés même !... Dès que mon baromètre tourne à l'orage, c'est l'instant qu'elle choisit pour promettre du beau temps.

Air : Qu'il est flatteur d'épouser celle.

Son obstination profonde
Ne veut plus que des jours sereins !
Elle veut bannir de ce monde
Et les ennuis et les chagrins !
Elle veut qu'on plaise sans cesse,
Et supprimer à l'avenir
Et la laideur et la vieillesse !

SIMOUN, *effrayé.*

Grand Dieu ! qu'allez-vous devenir ?

TRINCOLI.

Hein ?...

SIMOUN.

Grand Dieu ! que va-t-il devenir !

Ah ! ça, elle veut... elle veut ! elle se croit donc réellement déesse ?

TRINCOLI.

Oui certes ! elle n'en doute pas ! je me serais bien gardé de faire dépendre mon sort de la discrétion d'un enfant, mais la tienne !..

SIMOUN.

Vous pouvez y compter... comme sur ma fidélité !..

TRINCOLI.

Prends garde !.. on ne peut me tromper !.. là, dans ce caveau sacré dont je te confie souvent la clé... sont renfermées ces barriques étrangères... et j'ai cru voir...

SIMOUN, *effrayé.*

O ciel... (*Haut.*) Eh bien, oui... j'ai remarqué souvent qu'après avoir savouré cette liqueur, vous tombiez dans des ravissements, dans de saintes extases, que j'ai voulu connaître aussi par piété...

TRINCOLI, *fronçant le sourcil.*

Et tu deviens... très pieux ! trop peut-être !..

SIMOUN.

C'est possible, avec l'âge !.. mais comment l'avez-vous découvert ? car pour qu'on ne s'aperçût pas du vide, j'avais soin de remplir avec du sable la barrique où je puisais...

TRINCOLI.

Ah! ah ! c'est donc ainsi... (*On entend un chant en dehors du sanctuaire.*)

Air : Reine à qui la beauté.
(De : *Ne Touchez pas à la Reine.*)

O toi dont la beauté
Jouit de l'immortalité,
Déesse, dans ce jour,
Reçois nos chants d'amour.

TRINCOLI, *parlant pendant le chant.*

Silence !.. (*Montrant la porte du fond qui est fermée par une gaze.*) La prière du matin m'appelle près de la déesse. (*Écoutant vers la porte à droite.*) C'est Mardoche !.. et sans doute cet étranger ! (*Donnant une clé à Simoun.*) Tiens, va chercher pour la fête d'aujourd'hui le breuvage sacré..., et ne commence pas sans moi... ou sinon...

SIMOUN,

Ne craignez rien, j'attendrai ! (*Sur la ritournelle de l'air précédent, Simoun entre dans le souterrain à gauche dont il referme la porte. — Trincoli sort par la porte qui est sur le second plan à gauche.*)

SCENE II.

MARDOCHE, *entrant par la porte à droite*
D'ESTERVILLE.

MARDOCHE.

Ne vous effrayez pas, seigneur étranger, de ce corridor sombre... suivez-moi. (*Voyant d'Esterville paraître.*) Un officier de marine !

D'ESTERVILLE, *regardant Mardoche.*

Eh mais !.. ce n'est pas là une figure du pays.

MARDOCHE.

Né à Vaugirard !.. près Paris.

D'ESTERVILLE, *gaiement.*

Et moi à Paris !.. près Vaugirard. Embrassons-nous d'abord ! un compatriote dans la mer des Indes...

MARDOCHE.

Dans ces parages inconnus où j'ai été jeté par une tempête.

D'ESTERVILLE.

Nous de même...

MARDOCHE.

On n'y arrive que comme cela !

D'ESTERVILLE.

Quel degré de latitude !

MARDOCHE.

Je n'en sais rien !

D'ESTERVILLE.

Le nom du pays ?

MARDOCHE.

Eldorado.

D'ESTERVILLE.

Inconnu sur la carte.

MARDOCHE.

Comme bien d'autres !

D'ESTERVILLE.

Et depuis quand dans cette île ?

MARDOCHE.

Depuis quatorze ans !

D'ESTERVILLE, *avec joie.*

Bravo !

MARDOCHE.

Cela vous plaît à dire !

D'ESTERVILLE.

N'étiez-vous pas de l'équipage d'un navire que nous sommes chargés de découvrir... et dont nous avons aperçu hier les restes ensablés contre des rochers, la frégate *le Caïman de Bordeaux* ?

MARDOCHE.

Précisément!... Mardoche, ancien maître d'hôtel, intendant et factotum de monsieur le duc de Montauron, lequel m'avait chargé de conduire à Pondichéry, près d'un grand oncle qui désirait l'adopter, Charles de Montauron, son fils, mon jeune maître, âgé de cinq ans.

D'ESTERVILLE.

C'est bien cela !

MARDOCHE.

Quoique intendant, Monsieur, j'étais honnête homme...

D'ESTERVILLE.

En vérité !

MARDOCHE.

Dévoué à mes maîtres!... C'est un roman que mon histoire... les choses les plus extraordinaires !

D'ESTERVILLE, *riant.*

Je le vois déjà par le début.

MARDOCHE.

La suite est bien plus singulière encore!... j'étais philosophe... Monsieur, tenant peu à l'argent pour moi !... mais j'avais une petite fille qui en venant au monde avait causé la mort de sa mère, une petite fille, pour laquelle je rêvais la fortune, et j'employai toutes mes économies d'intendant en une partie de Médoc, première qualité, que je chargeai à bord du *Caïman*, espérant le revendre à Pondichéry avec un immense bénéfice...

D'ESTERVILLE.

Spéculation superbe !

MARDOCHE.

Si le sort n'était venu mettre de l'eau dans mon vin... un naufrage horrible! notre vaisseau brisé ! Mes barriques de Médoc s'élevaient sur la pointe des vagues... Ruiné, ruiné ! Monsieur! et ce n'était rien encore. J'aperçois le berceau où reposaient mon jeune maître et ma pauvre fille... Mon Ursule emportée par les flots !.. je m'élance... mais déjà je les avais perdus de vue, et entraîné moi-même, ma perte était certaine.

Vaudeville du *Baiser au porteur.*

Quand un rocher, ou l'Océan avide
Vint à mes yeux défoncer un tonneau,
Et m'élançant dans la futaille vide,
Je naviguai sur ce frêle vaisseau !
Fils de Médoc ! et l'ennemi de l'eau !
Vin généreux, oui, plutôt deux fois qu'une
Je dois vanter et bénir son secours !
Par sa présence, il faisait ma fortune
Par son absence, il a sauvé mes jours !

D'ESTERVILLE.

Et vous n'avez plus entendu parler ni de votre fille, ni de votre jeune maître Charles de Montauron, sur lequel M. de la Bourdonnaye, notre amiral, m'avait chargé de prendre des renseignements! (*Regardant Mardoche.*) Je vois qu'il n'y a plus d'espoir.

MARDOCHE.

Peut-être !

D'ESTERVILLE.

Que voulez-vous dire ?

MARDOCHE.

Qu'il y a ici un coup à tenter... qui n'est pas sans danger.

D'ESTERVILLE.

C'est différent! je reste ! (*Il allume sa pipe, pendant que Mardoche remonte le théâtre et regarde si personne ne les écoute.*)

MARDOCHE, *à demi-voix.*

On ne fume pas ici !

D'ESTERVILLE.

Et pourquoi ?

MARDOCHE.

Parce que vous êtes dans la pagode de Mondiana... dont je suis un des desservants...

D'ESTERVILLE.

Vous !

MARDOCHE.

Sacrificateur! c'est-à-dire, en Europe, cuisinier du grand prêtre Trincoli, homme très rusé, très habile... mais par bonheur très gourmand.

D'ESTERVILLE.

Et comment vous trouvez-vous investi de cette haute dignité ?

MARDOCHE.

Silence !... De l'autre extrémité de l'île où l'on m'avait recueilli lors de mon naufrage, on m'avait envoyé un jour apporter à la pagode l'impôt, qui est perçu très rigoureusement, et qui consiste en fruits, légumes, viandes et poissons pour l'autel de la déesse, ou plutôt pour la table de Trincoli. Je pénétrai jusqu'à celui-ci. Il était couché sur un divan. Près de lui était placé un breuvage sacré dont il s'humectait souvent... et à la couleur... je dirai presque au bouquet de cette liqueur divine, il me sembla reconnaître mon Médoc !

D'ESTERVILLE.

Est-il possible !

MARDOCHE.

Mon infortuné Médoc!... et le doute ne me fut plus permis, en voyant à la muraille un baromètre venant de notre navire naufragé, baromètre, dont malgré sa science, le grand prêtre ignorait l'usage. Je lui enseignai la manière de s'en servir. De là date ma faveur, et dès ce moment, je n'ai cessé de l'épier avec adresse... (*Montrant la statue de Brama, qui est sur le premier plan à droite.*) Par cette statue de Brama. (*Touchant un ressort qui fait disparaître la figure du Dieu*), dont la tête est creuse à dessein (car c'est par là que le grand-prêtre rend ses oracles), et en touchant ce ressort... j'observe le plus que je peux.

D'ESTERVILLE.

Eh bien !...

ACTE I, SCÈNE III.

MARDOCHE.
Eh bien ! attendez... (*Il pousse un ressort, le guichet se referme.*) J'ai beau voir par les yeux de Brama... je n'ai encore rien pu apprendre de ce Trincoli.

D'ESTERVILLE.
Alors vous ne savez rien de plus?

MARDOCHE.
Je sais qu'il y a ici une jeune fille, une déesse que l'on tient cachée au fond du sanctuaire. On ne la montre qu'aux jours solennels, comme celui-ci, par exemple... mais dans le peu de fois qu'il m'a été possible de l'entrevoir, j'ai trouvé, vous le dirai-je, que la déesse me ressemblait.

D'ESTERVILLE, *avec un étonnement comique.*
Oh!

MARDOCHE.
Ou plutôt à ma femme.

D'ESTERVILLE.
Vous croyez !

MARDOCHE.
C'est-à-dire que j'en suis sûr... et quoique je n'aie jamais pensé à lui donner un état comme celui-là, ça ne me déplaît pas de voir qu'on l'adore. Mais silence, voici la nièce du grand-prêtre.. Zilia... qui se marie aujourd'hui.

D'ESTERVILLE.
Si nous l'interrogions ?

MARDOCHE.
C'est facile ! car elle parle volontiers.

~~~~~~

SCENE III.
LES PRÉCÉDENTS, ZILIA.

ZILIA.
Enfin c'est donc pour aujourd'hui. Et me voilà déjà prête... je ne suis pas mal... n'est-ce pas... (*Apercevant d'Esterville.*) Ah ! mon Dieu... un étranger !

MARDOCHE.
Rassurez-vous, Zilia, c'est un Français, et les Français sont généralement très aimables... (*A part.*) A ce qu'ils disent.

D'ESTERVILLE.
Il savent du moins apprécier les jolies femmes, et je vous trouve charmante.

ZILIA.
A cause de mon habit de noces... cela va si bien... car on me marie aujourd'hui... à Sélino... le plus beau garçon de l'île.

D'ESTERVILLE.
Il doit s'estimer bien heureux !

ZILIA.
Je n'en sais rien !

D'ESTERVILLE.
Est-il possible !

ZILIA.
Il est si dévot ! il ne pense qu'à la déesse. Il ne parle que d'elle... je crois même qu'il en rêve !... Matin et soir il vient faire sa prière à Nadja et se prosterne devant son autel qu'il orne de fleurs... enfin il ne sort pas quasiment de la pagode.

D'ESTERVILLE.
En vérité !

ZILIA.
Ce qui lui donne une réputation de sainteté dont mon oncle le grand prêtre est ravi... Mais pas moi ! C'est ennuyeux, un mari dévot à ce point-là... et je n'entends pas, quand nous serons mariés, qu'il passe sa vie à genoux.

D'ESTERVILLE.
Si c'est aux vôtres...

ZILIA.
Du tout à ceux de la déesse... qu'il a le droit de contempler une fois par semaine, car il demeure ici, au temple ; il y est attaché !

D'ESTERVILLE.
Par sa famille...

ZILIA.
Sa famille? il n'en a pas ! Il est trop distingué pour en avoir une... Mon oncle Trincoli prétend qu'il descend de Djebby, le mouton céleste, la cent-trente-deuxième incarnation de Brama! le fait est qu'on ne lui connaît ni père... ni mère... ce qui lui fait un grand honneur! car cela prouve qu'il est tombé tout droit du ciel.

D'ESTERVILLE.
C'est bien cela !

ZILIA.
L'année de ma naissance !.. voilà pourquoi mon oncle prétend qu'il m'est destiné.

MARDOCHE.
Et dites-moi, belle Zilia, sans mentir... la main sur la conscience... quel âge avez-vous?

ZILIA.
Ah ! dame !.. je ne le dis plus, parce que dans ce pays où l'on se marie à douze ans... on a l'air d'une vieille... quand on n'est pas encore en ménage à quatorze.

MARDOCHE.
Vous les avez donc?

ZILIA.
Ah ! mon Dieu !.. Est-ce que je l'ai dit?

D'ESTERVILLE.
Oui, sans doute !.. mais vrai !.. vous ne les paraissez pas.

ZILIA.
Vous êtes bien bon.

D'ESTERVILLE.
Et de plus vous êtes d'une gentillesse...

MARDOCHE.
D'une grâce...

D'ESTERVILLE.
D'une élégance !

ZILIA.
Vous dites cela à cause de mon collier...

D'ESTERVILLE.

Non!..

ZILIA.

Si... si... Le fait est qu'il n'est pas mal!..

D'ESTERVILLE, *le regardant.*

Il est charmant!... le col aussi!.. un écusson gravé!..

MARDOCHE, *de même et à part.*

Les armes de la famille Montauron.

ZILIA.

C'est mon fiancé qui me l'a donné!

D'ESTERVILLE, *poussant un cri.*

Lui!

ZILIA.

Mais oui, c'est lui, pas d'autres!... et je m'en suis parée, parce que ce matin... avant notre mariage, j'ai une entrevue avec la déesse qui doit me faire une exhortation... c'est mon oncle qui le veut... et il m'attend chez lui pour me faire la sienne... ça fera deux.

ENSEMBLE.

Air :

MARDOCHE, D'ESTERVILLE.

D'espérance j'ai tressailli

Voilà son/mou voyage fini.

Oui, tout me dit qu'il est ici.

J'en suis sûr, à présent, c'est lui!

ZILIA, *seule.*

Et moi, je vais cherchant sans cesse
Mon mari qui, je le vois,
Toujours demande à la déesse
Sans rien me demander à moi!

ENSEMBLE.

MARDOCHE, D'ESTERVILLE.

D'espérance j'ai tressailli, etc.

ZILIA.

Ah! quel tourment! ah! quel ennui!
D'avoir un dévot pour mari,
Faudra-t-il donc, comme aujourd'hui,
Que toujours je coure après lui!

(*Elle leur fait la révérence et sort par la porte à gauche.*)

SCÈNE IV.
MARDOCHE, D'ESTERVILLE.

D'ESTERVILLE.

Plus de doute! Sélino est le jeune duc de Montauron.

MARDOCHE.

Et la déesse est ma fille!

D'ESTERVILLE.

Inutile de faire d'autres recherches. Il s'agit seulement de les enlever tous les deux... fût-ce de vive force.

MARDOCHE.

Et comment?

D'ESTERVILLE, *se dirigeant vers la porte à gauche.*

Je n'en sais rien... enlevons toujours?

MARDOCHE, *le retenant.*

Combien êtes-vous?

D'ESTERVILLE.

Je suis seul! mais deux matelots au bord de la mer gardent notre chaloupe.

MARDOCHE.

Une armée de trois hommes dont un seul effectif et sous les armes.

D'ESTERVILLE.

Qu'importe?

MARDOCHE.

Il importe qu'il y a dans cette île trois ou quatre mille habitants qui ne se laisseront pas enlever leur déesse! qu'il y a ici dans ce temple deux cents braves, sans me compter, gardiens, lévites, sacrificateurs, tous vivant de l'autel, qui se feraient tuer pour leur idole... et de plus, en cas de défaite, ils ont pour la dérober à vos recherches une foule de passages secrets.. tenez..., tenez, en voici un...

SCÈNE V.

LES PRÉCÉDENTS, SIMOUN, *sortant de la porte placée à gauche de la statue et qu'il laisse ouverte.*

D'ESTERVILLE.

Qu'est-ce que c'est que celui-là?..

MARDOCHE.

Silence!..

SIMOUN, *tenant une grande cruche de vin, un peu gris.*

Ne commence pas sans moi... a-t-il dit? je l'ai attendu!.. je n'ai pas commencé!.. seulement, j'y ai goûté... pour voir si c'était bien du même!

D'ESTERVILLE, *bas à Mardoche.*

D'où sort-il?

MARDOCHE.

De leur cave! où sont renfermés mes tonneaux de Médoc.

D'ESTERVILLE.

Qu'ils ont recueillis du naufrage.

MARDOCHE.

Et auxquels ils donnent asile. (*Montrant Simoun qui boit.*) Comme vous voyez!

SIMOUN, *qui vient de boire une gorgée.*

C'est bien du même! et après y avoir goûté... j'allais en boire.

MARDOCHE, *avec colère.*

Voir ainsi devant moi piller mon bien!

D'ESTERVILLE.

Silence!..

SIMOUN, *buvant.*

C'est encore du même!.. J'allais en boire... quand j'ai senti que l'extase commençait!.. elle allait commencer, l'extase!

Air : *Contentons-nous d'une simple bouteille.*
De Trincoli qui m'observe sans cesse,
Je me suis dit : Redoutons l'œil jaloux.
MARDOCHE, *qui a été retirer la clé de la porte du fond, lui en présente une autre en lui disant :*
Et votre clé !
SIMOUN.
Tiens ! ma clé que je laisse !
MARDOCHE.
Brama pourrait se fâcher contre vous !
SIMOUN.
Il a raison !... et par quelque mystère
Quelque miracle, il va nous étonner !
Car sous mes pas je sens trembler la terre,
Et vois déjà la pagode tourner.
(*Il sort.*)

SCÈNE VI.
MARDOCHE, D'ESTERVILLE.
MARDOCHE.
Écoutez bien, mon officier? Ce souterrain dont ils ont fait leur cave, et dont voici la clé... descend jusqu'à un groupe de rochers qui s'avance dans la mer. Par là, vous pouvez rejoindre votre canot, avec lui regagner vos bâtiments en rade... et cette nuit... ce soir, revenir...
D'ESTERVILLE.
Pour enlever de gré ou de force le jeune duc !
MARDOCHE.
La déesse !.. et moi aussi !
D'ESTERVILLE.
C'est convenu !
MARDOCHE, *le retenant.*
Une grâce encore !.. ne laissez pas le reste de mon vin de Médoc à ces profanes qui n'en ont déjà que trop usé.
Air de *Marianne.*
Dérobons ce divin breuvage
A la soif de ce vieux trognard !
Quinze ans de fût et le voyage
En ont dû faire un vrai nectar !
D'ESTERVILLE.
Nos matelots
Sur nos vaisseaux
Vont à l'instant transporter vos tonneaux !
MARDOCHE.
Ceux qui, restant de mon trésor,
Se trouveront, par hasard, pleins encor !
(*Avec colère.*)
Car pour les autres !...
(*Se tournant du côté par où Trincoli est sorti.*)
Troupe avide,
Ma vengeance vous poursuivra !
D'ESTERVILLE, *riant.*
Vous philosophe !!!
MARDOCHE.
C'est pour ça
Que j'ai l'horreur du vide !
(*D'Esterville sort par la porte du souterrain,*

Mardoche *rentre par la porte à droite, le rideau du sanctuaire s'ouvre.* Plusieurs prêtres *et* Zilia *entrent vivement et d'un air effrayé, puis paraît* Nadja.)

SCÈNE VII.
NADJA, ET PLUSIEURS PRÊTRES, *qui la précèdent.* ZILIA, *qui, effrayée, se réfugie dans un coin.*

NADJA, *entre vivement sur les premières mesures de l'ouverture du* Dieu et la Bayadère.
Air : Ouverture de *la Bayadère.*
ENSEMBLE, *avec force.*
NADJA.
Contre mon désir
Oser me retenir !
CHŒUR.
Oui, c'est à frémir
Comment la retenir ?
CHŒUR, *à demi voix.*
Ah ! désarme-la
Brama,
Brama,
Brama,
Ah !
NADJA, *d'un air menaçant.*
Oui ! oui !... tremblez tous,
Craignez les coups
De mon courroux !
CHŒUR, *se parlant à demi voix.*
Ah ! j'en perdrai la raison
(*S'adressant à Nadja.*)
Pardon !
Pardon !
Pardon !
NADJA.
Non !

Qu'est-ce que cela signifie? toujours des hymnes et de l'encens qui m'ennuient ! Toujours renfermée sous cette voûte dorée qui me pèse, je n'en veux plus. Je veux jouir de l'air, de la verdure, de ce ciel dont je suis descendue. Dites à Trincoli, mon grand prêtre, que le premier qui s'opposera à mes volontés aura à s'en repentir ! et pour vous apprendre, si vous l'ignorez, l'ennui de rester toujours en place, je devrais vous changer tous en arbres ou en rochers. (*Les prêtres tombent tous à genoux la face contre terre. Souriant avec bonté.*) Allons... rassurez-vous? Je suis bonne... et je vous laisse encore en hommes, pour cette fois... mais que cela ne vous arrive plus ! Retirez-vous? (*Tous les prêtres se précipitent vivement par toutes les portes, en un instant le théâtre est vide.*) Quel bonheur.. je respire, me voilà libre !.. sans cela le bel avantage d'être fille de Brama ! *Immortelle*, me répète le grand-prêtre... *Immortelle*, à quoi cela sert-il ? si l'on change de forme et si l'on oublie! car il a beau me le jurer... je ne me rappelle pas du tout avoir été singe vert!... Singe vert, c'est humiliant!... C'est bien assez d'avoir ici son portrait. (*Étendant la main et d'une voix solennelle.*) Je ne veux plus ici bas de singes verts.. que ce soit bien entendu! (*Reprenant son ton naturel.*) Là... c'est fini... il n'y en a plus! et au fait, pour leur utilité en ce monde... j'ai aussi bien fait de les supprimer! (*Elle fait quelques pas et s'avance vers Zilia, qui, depuis l'entrée de Nadja est restée à genoux et le front courbé.*)

ZILIA.

Grâce, déesse, grâce!... la peur d'être changée en rocher m'a ôté la force de m'enfuir!

NADJA.

Relève-toi et sois sans crainte!... Qui es-tu, jeune fille?

ZILIA, *à part, avec étonnement*.

Elle ne le sait pas... elle qui sait tout!

NADJA.

Qui es-tu?

ZILIA.

La nièce de Trincoli... votre grand prêtre!

NADJA.

C'est vrai! il m'a priée de t'apparaître aujourd'hui.

ZILIA, *courbant la tête*.

Et je viens, déesse, vous demander votre sainte bénédiction.

NADJA, *étendant le bras comme pour bénir Zilia qui est penchée.*)

Allons!... Tiens, tu as un joli collier?

ZILIA.

Vous trouvez?... Daignerez-vous m'accorder?

NADJA.

Ma bénédiction... je te la donne! tu me donneras ton collier, n'est-ce pas?

ZILIA.

Ah! de grand cœur! (*A part.*) C'est drôle! au temple il faut toujours donner quelque chose.

NADJA, *ôtant le sien*.

Moi, en échange, je te donnerai celui-là...

ZILIA.

Oh! qu'il est beau!

NADJA.

Je ne trouve pas! il y a si longtemps que je l'ai!.. comment les porte-t-on dans l'île?

ZILIA.

Autrefois on en faisait avec du corail, des perles ou de l'or, mais l'or est si commun à Eldorado. Maintenant, on porte généralement des fruits, des graines du staphyléa.

NADJA.

Ce doit être gentil!

ZILIA.

Ça ne va pas mal... surtout avec des robes blanches... un peu échancrées!

NADJA.

Je n'aime pas les robes blanches... j'en ai toujours!

ZILIA, *la regardant*.

Elles vous vont bien cependant...

NADJA.

Tu trouves? (*Regardant la robe de Nadja.*) Qu'est-ce que c'est que cette étoffe-là?

ZILIA.

De la fibre de palmier Siboa... c'est très bien porté aujourd'hui! et c'est ma plus belle robe... mais c'est tout simple... quand on se marie!..

NADJA.

C'est vrai!.. tu vas te marier, et à cette occasion ton oncle m'a supplié de te faire un discours...

ZILIA, *se courbant*.

Oui, déesse!..

NADJA.

Pour te tracer tes devoirs!

ZILIA, *à part*.

C'est égal... je commence à ne plus avoir peur... elle est tout à fait bonne fille.

NADJA, *à part, et cherchant*.

A peine si je me rappelle tout ce qu'il m'a dit... c'était si long... (*Se rappelant.*) Ah! m'y voici! (*A voix haute et gravement.*) Mon enfant... songez à la gravité de l'acte que vous allez... (*S'interrompant et d'un ton familier.*) Ton futur est-il joli garçon?

ZILIA.

Oui, déesse! je ne l'aurais pas choisi autrement.

NADJA, *reprenant son discours*.

Songez à la gravité de l'acte que vous allez accomplir!.. ce ne sont pas les frivoles avantages de la figure...

ZILIA, *à part*.

Ah ça! mais elle se contredit.

NADJA.

Qui doivent vous déterminer... (*S'interrompant.*) Te plaît-il?

ZILIA.

C'est selon!

NADJA.

Comment?

ZILIA.

Et c'est là-dessus que je voudrais vous consulter.

NADJA.

Très volontiers. (*S'asseyant et faisant signe à Zilia de s'asseoir près d'elle.*) Mets-toi là?

ZILIA.

Moi!.. ô déesse, je n'oserai jamais!

NADJA, *avec impatience*.

Mets-toi là, te dis-je! je le veux!.. ou sinon!..

ZILIA, *s'asseyant vivement*.

M'y voici!.. (*A part.*) O Brama! quel honneur!.. et si mon oncle me voyait...

ACTE I, SCÈNE VII.

NADJA.
Eh bien !.. tu disais donc...

ZILIA.
On se marie... parce qu'on espère qu'on sera heureux, et qu'on s'entendra bien ensemble! (*Secouant la tête.*) Vous savez ce que c'est que le mariage !..

NADJA, *vivement*.
Moi ! du tout.

ZILIA.
Comment! vous ne savez pas...

NADJA, *avec impatience*.
Eh non !..

ZILIA.
Vous, qui nous mariez...

NADJA.
C'est égal, te dis-je : ainsi, parle.

ZILIA.
Par exemple... s'il faut que ce soit moi qui lui apprenne...

NADJA.
Parle ?.. je le veux !

ZILIA.
Eh bien donc !.. déesse... quand on est épris l'un de l'autre... quand on éprouve de l'amour...

NADJA.
De l'amour !

ZILIA.
Oui.

NADJA.
Qu'est-ce que c'est ?

ZILIA.
Celui-là est trop fort... parce qu'enfin... tout le monde doit savoir...

NADJA, *avec impatience*.
Parleras-tu ?

ZILIA.
C'est un sentiment réciproque... qu'éprouvent deux personnes...

NADJA, *réfléchissant*.
Deux !

ZILIA.
Ah! oui... c'est essentiel !

NADJA, *avec tristesse*.
Moi !.. je suis toujours seule !

ZILIA.
C'est vrai! je n'y avais pas pensé... pauvre déesse !

NADJA, *sortant de sa rêverie*..
Eh bien... vous avez donc tous les deux de l'amour.

ZILIA.
C'est là la question. Il y a des jours où je crois que mon fiancé m'aime... et puis des jours où je ne le crois plus... voilà pourquoi je m'adresse à vous... hier, par exemple...

NADJA, *rapprochant sa chaise avec curiosité*.
Hier !.. voyons...

ZILIA.
Nous traversions ensemble le bois sacré... je m'appuyais sur son bras...'dame : cela me causait une émotion.

NADJA.
De l'émotion, comment cela ?

ZILIA.
Je n'en sais rien... si bien que j'étais toute troublée... lui aussi... et alors, il m'a embrassée...

NADJA.
Il t'a embrassée, oui !.. pour quoi faire ?.. dame ! à quoi bon ?

ZILIA.
Voilà une question !..

NADJA.
A quoi cela sert-il ?

ZILIA.
Cela sert... que c'est agréable... et que cela fait plaisir !

NADJA, *avec tristesse*.
Personne ne m'a jamais embrassée, moi... (*A Zilia.*) embrasse-moi donc !

ZILIA, *se levant*.
Oh ? je n'ose pas !

NADJA, *se levant*.
Je le veux! (*Zilia l'embrasse, et Nadja dit d'un air découragé.*) Allons ! allons donc ! cela ne me fait rien !

ZILIA.
Dame !.. une déesse !

Air : *Ce mouchoir, belle Raimonde.*

NADJA.
Oui, déesse !... c'est terrible !

ZILIA, *à part*.
J'aime autant vivre ici bas !

NADJA.
Eh ! quoi, toujours insensible !

ZILIA, *avec expression*.
Oh! chez nous, on ne l'est pas !

NADJA.
Quelle tristesse profonde !...

ZILIA.
Et quel état singulier
De marier tout le monde
Sans pouvoir se marier!
Sans jamais, etc.

NADJA, *réfléchissant*.
Et cependant...

ZILIA.
Quoi donc ?..

NADJA.
Rien ! laisse-moi ?

ZILIA.
Mais, déesse...

NADJA, *sévèrement*.
Il suffit !.. éloigne-toi !

ZILIA, *à part*.
Je sors, de sorte que je ne saurai rien... mais

le moyen de savoir avec une déesse à qui il faut tout apprendre. (*Nadja fait un geste impératif.*)

NADJA.

Eh bien !..

ZILIA.

Je m'en vais...

SCENE VIII.

NADJA, *seule, puis* SÉLINO.

NADJA.

Trincoli ne m'a jamais parlé de ce que je viens d'entendre... hier encore il m'assurait que le mariage était de dire : *Au nom de Brama je vous unis...* pas autre chose... et elle... Zilia... c'est singulier... ce fiancé qui l'a embrassée dans ce bois sacré... ce trouble qui lui était agréable... c'est tout nouveau pour moi !.. et si, comme elle le dit... c'est un bonheur... est-ce que les dieux, qui sont bien au-dessus des mortels, ne devraient pas le connaître... et moi aussi... moi qui peux tout... je voudrais éprouver ce qu'elle disait là... tout à l'heure... cette émotion... si douce... (*Elle aperçoit Sélino qui entre et se dirige vers l'autel de la déesse.*) Sélino !.. ah! lui qui chaque jour apporte des fleurs sur mon autel, qui chaque semaine reste en contemplation devant moi.., lui qui, ce matin encore, attendait mon réveil... (*Écoutant avec émotion.*) Il prie!

SÉLINO, *tournant le dos à Nadja et posant une corbeille sur l'autel à gauche.*

O puissante déesse ! O Nadja ! toi qui lis dans les cœurs, toi qui sais combien je t'adore, daigne agréer ces fleurs que tu aimes tant.

NADJA.

Je les accepte !

SÉLINO, *poussant un cri et se retournant.*

Ah ! la déesse! elle m'a entendu... elle a daigné me parler... (*Se jetant à genoux.*) Jamais une voix si douce n'a frappé mon oreille.

NADJA, *avec émotion.*

Tu es le plus exact, le plus fervent de mes adorateurs, aussi demande-moi tout ce que tu voudras, je te l'accorderai... veux-tu être riche et puissant?

SÉLINO.

Je ne tiens ni à la fortune... ni à la puissance !

NADJA.

A quoi tiens-tu ?..

SÉLINO.

A vous être agréable, ô déesse, et à remplir envers vous mes devoirs.

NADJA.

Je connais ta dévotion... et je l'approuve !

SÉLINO.

Eh bien ! quelque téméraire que soit ma demande... je voudrais...

NADJA.

Parle, Nadja te protége ! (*Sélino qui s'est approché d'elle graduellement et toujours agenouillé, baise le bas de sa robe.*)

NADJA, *portant la main à son cœur.*

Ah !.. ils ont raison !.. je suis une puissante déesse ! car, ce que je voulais, ce que j'ai commandé tout à l'heure,... je le connais... je l'éprouve... ce trouble... cette émotion... Zilia disait vrai... oui... c'est comme un malaise qui fait plaisir... (*A Sélino.*) Ne reste pas ainsi... lève-toi ?.. je te le permets... je te l'ordonne !.. parle !..

SÉLINO.

Je voudrais bien savoir... quand je suis, comme tout à l'heure à vos pieds... et quand je prie...

NADJA.

Eh bien !..

SÉLINO.

Pourquoi la prière qui devrait me calmer produit-elle sur moi un trouble que je ne peux définir !

NADJA, *à part.*

Et lui aussi! (*Haut.*) Tu éprouves d'abord comme un éblouissement subit.

SÉLINO.

Oui !

NADJA.

Et puis, comme une chaleur... qui te parcourt!

SÉLINO.

Oui !

NADJA.

Et se porte avec force... là! (*Montrant son cœur.*)

SÉLINO.

C'est vrai !... ô puissante déesse... vous lisez au fond des âmes... vous savez tout... vous devinez tout !

NADJA.

N'est-ce pas ?

SÉLINO.

Eh bien ! d'où cela vient-il ?

NADJA.

D'où cela vient ?... de la présence de la divinité? voilà !

SÉLINO.

C'est donc cela ! et quand elle se dérobe à nos regards... je suis malheureux... je suis triste... je ne rêve qu'au moment de la revoir !

NADJA.

Ce sont de bons sentiments.

SÉLINO.

Eh bien... permettez-moi donc d'être admis à l'honneur de vous contempler deux fois par semaine, au lieu d'une !

NADJA.

Le sanctuaire sera ouvert pour toi tous les jours, si tu le désires !... Il faut bien faire quelque chose pour les fidèles.

SÉLINO.
Ah! que vous êtes bonne!
NADJA.
C'est la nature des déesses! Elles sont toujours très bonnes, très douces et très clémentes... Mais pourquoi venais-tu ici, ce matin, au temple?...
SÉLINO.
Pour me marier.
NADJA, *avec colère.*
Toi!...
SÉLINO.
Moi-même!
NADJA.
Et sans m'en prévenir...
SÉLINO.
Trincoli, le grand prêtre, ne vous a-t-il pas dit... que Zilia, sa nièce...
NADJA.
Quoi! cette petite Zilia... qui tout à l'heure... et c'est toi qu'elle aime! toi qui l'épouses?
SÉLINO.
Oui, vraiment...
NADJA.
Et tu crois que devant moi!...
SÉLINO.
Eh bien! la voilà en colère. Elle qui est toujours si bonne et si clémente. (*On entend un coup de tam-tam.*)

SCÈNE IX.

LES PRÉCÉDENTS, LE PEUPLE ET LES PRÊTRES *entrant dans le temple*, *puis* SIMOUN *et* TRINCOLI.

CHOEUR.

Air du *Cheval de Bronze.*

Pour fêter ce mariage,
Hâtons-nous tous d'accourir...
Bientôt il va s'accomplir...
O Brama!
Nous voilà...
Ta déesse est là!
Aux époux joie et plaisir...
Car Brama doit les bénir!...
A genoux,
Prions tous
Pour les époux.
Oui, suivant l'antique usage,
De nos célestes concerts,
En signe d'heureux présage,
Faisons retentir les airs...
O Brama! daigne bénir
L'hymen qui va s'accomplir.
O Brama! etc.

NADJA.
Qu'est-ce que cela signifie? que me veut-on?
TRINCOLI.
Fille de Brama, auguste déesse, ce peuple vient assister au mariage de Sélino avec ma nièce Zilia.
NADJA.
C'est inutile. Ce mariage ne se fera pas!...
TRINCOLI.
Vous qui deviez le bénir...
NADJA.
Je m'y oppose, je le défends!
TRINCOLI, *à part.*
Encore un de ces caprices qui lui prennent tous les jours. (*Haut.*) Et ne pourrais-je savoir pour quelle raison...
NADJA.
La raison! c'est vous qui me le demandez?... la raison!... c'est que je ne le veux pas! la raison, c'est que ce mariage offense Brama! car Sélino et sa fiancée sont coupables... d'impiété... ils ont osé hier dans le bois sacré... s'embrasser!
TOUS.
O ciel!...
TRINCOLI, *bas à Sélino.*
Est-ce bien possible?
SÉLINO, *de même.*
Eh oui... vraiment... nous n'étions que nous deux... et cependant elle le sait.
SIMOUN.
C'est inouï! elle sait tout!
NADJA, *à Trincoli.*
Vous m'aviez demandé pour ce soir un beau temps, vous ne l'aurez pas. Il y aura un orage... un orage épouvantable...
TRINCOLI.
Et mon baromètre qui est au beau fixe!...
SIMOUN.
C'est fait de nous...
TRINCOLI, *à part.*
Cela ne peut pas durer ainsi! (*Haut.*) Mais ma nièce qui va venir pour ce mariage...
NADJA.
Je lui défends de paraître devant moi.
TRINCOLI.
Quoi! cette pauvre Zilia...
NADJA.
Je défends qu'on me parle d'elle... ou sinon...
TRINCOLI.
Mais enfin elle adore Sélino... elle en est aimée...
NADJA, *hors d'elle-même.*
Ah! elle est aimée...
TRINCOLI.
Oui!...
NADJA.
Je la change en perruche!...
SIMOUN, *joignant les mains d'effroi.*
O ciel! une si jolie fille!...
NADJA, *à Trincoli.*
Tant pis pour elle! tu l'as voulu... c'est fait!... et n'ajoute pas un seul mot, sinon... (*Elle le menace.*) Car apprenez que rien ne résiste à la volonté et à la puissance de Nadja!

SCÈNE X.

Les précédents, ZILIA, *paraissant habillée en mariée.*

ZILIA.

Me voici !...

TOUS.

O ciel !

SIMOUN, *à part.*

Pas encore envolée. !

NADJA, *furieuse, allant à elle et la regardant.*

Comment... c'est toi ! c'est bien toi. Et malgré mes ordres... encore jeune fille !... et en mariée !... (*Se regardant elle-même avec étonnement.*) Qu'est-ce que cela signifie ?

TRINCOLI, *qui est monté sur les gradins qui mènent au sanctuaire, se tournant vers le peuple.*

Cela signifie... que la puissance et la mission de Nadja sont terminées.

SIMOUN.

Grand dieu !...

TRINCOLI, *continuant.*

Que fille de Brama...

SIMOUN, *à genoux aux bas des gradins.*

Et ce que vous me disiez ce matin...

TRINCOLI, *à part, avec impatience.*

Imbécille ! qui va me compromettre.

(*Pendant ce temps, Mardoche, placé près de la statue, écoute.*)

TRINCOLI, *continuant à voix haute en s'adressant au peuple.*

Brama rappelle à lui sa fille bien-aimée !

ZILIA.

Est-elle heureuse.

TRINCOLI.

Sortie de l'Océan, c'est à l'Océan qu'aujourd'hui même nous devons la rendre !

MARDOCHE, *à part.*

Elle est perdue !

TRINCOLI.

Et pour qu'elle parte d'une manière digne de son rang, nous nommons pour l'accompagner le fidèle Simoun.

SIMOUN, *effrayé.*

Moi !

(*On entend en ce moment, au loin, un coup de canon.*)

TRINCOLI, *à part.*

Quel est ce bruit ?

MARDOCHE, *à part.*

Et l'amiral qui rappelle son canot. (*Il passe derrière la statue sans être aperçu.*)

CHŒUR.

Air : *Dans le sein des nuages au milieu des orages.*
(Du *Cheval de Bronze.* Finale du premier acte.)

Est-ce encor un miracle ?
Quelque nouvel oracle
Vient-il pour nous des cieux ?
Quel bruit s'est fait entendre ?
Brama va-t-il descendre
Et paraitre à nos yeux !

MARDOCHE, *parlant par la bouche de la statue.*

Oui ! je descends vers vous ! moi, Brama, votre maître ! (*Chant.*)

TOUS, *tombant à genoux.*

Brama, lui-même ! ô ciel !...

MARDOCHE, *parlant.*

Trincoli, mon grand-prêtre, a dit la vérité !

TRINCOLI, *parlant, à part.*

Pas possible !

MARDOCHE, *voyant d'Esterville et ses matelots entrer par le souterrain à gauche.*

Voici les fils de l'Océan qui viennent aujourd'hui chercher Nadja, notre fille ; et pour l'accompagner j'ai choisi mes fidèles serviteurs Mardoche et Sélino.

(*Trincoli, entendant parler la statue et soupçonnant quelque supercherie, descend les gradins, s'approche de la statue, et montant sur un tabouret qui est au pied de la statue, veut voir celui qui parle ; mais au même instant Mardoche a cessé de parler et le guichet se referme.* — *Chant.*)

SÉLINO.

Merci ! Brama ! merci !...

ZILIA.

Me voilà veuve ! et le jour même
De mon hymen !...

MARDOCHE, *paraissant au haut des gradins, à l'entrée du sanctuaire.*

Que Brama soit béni !

LE CHŒUR, *se relevant et apercevant d'Esterville et ses soldats.*

O surpise ! ô miracle !
Et quel nouvel oracle
Est venu retentir !
C'était Brama lui-même.
A son ordre suprême
Il nous faut obéir.

MARDOCHE.

O facile miracle !
J'ai fabriqué l'oracle
Dont je vais me servir.
J'ai fait Brama moi-même ;
A mon ordre suprême
Il me faut obéir.

D'ESTERVILLE.

O facile miracle !
Il a dicté l'oracle
Dont je vais me servir.
Pour sauver ce qu'il aime
Partons à l'instant même.
Allons ! il faut partir !

(*Deux matelots de d'Esterville sont devant la porte du souterrain. Mardoche, Nadja, Sélino, Simoun, sont prêts à partir.*—*La toile tombe.*)

FIN DU PREMIER ACTE.

ACTE DEUXIÈME.

Un appartement de l'hôtel de la duchesse de Montauron. Porte au fond. Deux portes et deux croisées latérales.

SCÈNE PREMIÈRE.

LA DUCHESSE, *assise*, GÉRONVAL, *près d'elle.*

GÉRONVAL.

Oui, madame la duchesse, je ne vois dans Bordeaux que des gens enchantés du bonheur qui vous arrive. Tout le monde me charge de vous complimenter sur le retour de monsieur votre fils.

LA DUCHESSE.

Je leur suis obligée et à vous aussi, mon cher monsieur Géronval.

GÉRONVAL.

Et c'est ce jeune d'Esterville qui vous l'a ramené... ce jeune officier de marine que je voyais souvent ici..

LA DUCHESSE, *à part.*

Trop souvent peut-être... pour ma fille !

GÉRONVAL.

Avec le secours de Mardoche votre ancien intendant ; ce bon Mardoche, je me le rappelle encore.. et nous autres financiers... moi, par exemple, qui ai de tout avec de l'argent... il faudra que j'aie aussi un ancien et fidèle serviteur... si ce n'est pas trop cher...

LA DUCHESSE.

Je vous cède celui-là pour rien... ça n'est pas trop...

GÉRONVAL.

Mardoche... à qui vous devez le retour de votre fils !

LA DUCHESSE.

Dites plutôt sa perte .. oui, mon cher Géronval, à vous, mon futur gendre, je peux confier toutes mes craintes pour l'honneur d'une maison dont vous allez bientôt faire partie.

GÉRONVAL.

Parlez, duchesse, parlez ?

LA DUCHESSE.

Le duc de Montauron, mon mari, dont la noblesse remonte aux croisades, s'était ruiné dans le système de Law.

GÉRONVAL.

Et moi, simple commis aux aides... je m'y étais enrichi, ce qui me permettait d'aspirer aux plus illustres alliances... aussi...

Air : *Corneille nous fait ses adieux.*

Je vous demandai hardiment
Votre fille, l'aimable Hortense ?
  LA DUCHESSE, *d'un air de dédain.*
Il fallait la mettre au couvent
Ou la livrer à la finance !
Longtemps mon amour maternel
Entre les deux tint la balance...

GÉRONVAL.

Et mon argent m'a sur le ciel
Fait obtenir la préférence !

LA DUCHESSE.

Mais parce que j'ai bien voulu ne pas y regarder de trop près pour ma fille, il n'en sera pas de même pour mon fils, pour l'unique héritier des ducs de Montauron... d'autant plus que son amour...

GÉRONVAL.

Il est donc amoureux ?

LA DUCHESSE.

Eh ! sans doute... de cette petite fille que vous savez...

GÉRONVAL.

Cette déesse sauvage !

LA DUCHESSE.

Élevée dans cette pagode où ils ne connaissent ni rang, ni dignité... où ils ne savent même pas ce que c'est qu'un duc !.. un Montauron !.. cette enfant, fille d'un intendant, s'est permis d'inspirer à mon fils une passion dont vous ne pouvez vous faire idée...

GÉRONVAL.

Et elle ?

LA DUCHESSE.

Elle se laisse adorer comme une personne de naissance... qui en aurait l'habitude et qui n'aurait fait que ça toute sa vie.

GÉRONVAL.

Où est cette jeune fille ?

LA DUCHESSE.

Ici dans mon hôtel... depuis quelques jours, depuis son arrivée. J'étais bien obligée de donner asile à elle et à ce Mardoche, qui me ramenait mon fils. Je les ai comblés d'égards et de bons procédés. J'ai fait manger le père avec mes gens... je comptais placer la fille auprès de moi... en qualité de femme de chambre, et pendant que Charles se livre à ses études, à ses devoirs de gentilhomme, j'aurais peut-être fermé les yeux... sur... un caprice !.. mais une passion qui va jusqu'à l'idolâtrie !.. Charles va devenir majeur... il pourrait... une mésalliance !.. vous comprenez ?..

GÉRONVAL.

Très bien !

LA DUCHESSE.

Plutôt mourir !.. aussi j'ai compté sur vous pour obtenir... ce qu'aujourd'hui on ne refuse jamais quand il s'agit de sauver l'honneur d'une grande famille... mais silence !.. voici ma fille !

SCÈNE II.

LA DUCHESSE, GÉRONVAL, HORTENSE.

HORTENSE, *à part.*

Ah ! mon Dieu ! c'est lui ! (*Haut et saluant.*) Monsieur de Géronval !

GÉRONVAL.
Qui venait vous rappeler, ainsi qu'à madame votre mère, son invitation à la fête qu'il donne ce soir... elle sera assez remarquable.

Air: *Pour éblouir celle qu'il aime.*

Mon feu d'artifice, j'espère,
Surpassera par son bouquet
Ceux qu'à la belle Lavallière
Offrait le financier Fouquet !
Car j'ai, comme lui, la richesse,
Et vous le savez bien, duchesse,
(*Regardant Hortense.*)
Avec l'argent on a de tout !

HORTENSE, *à part.*
Hormis l'esprit et le bon goût ! (*bis*.)

LA DUCHESSE.
Mais venez, Géronval, j'ai à vous parler de cette affaire importante...

GÉRONVAL.
De... notre mariage ? (*Regardant Hortense.*) ne rougissez pas... nous vous laissons.
(*Il sort par la porte à gauche avec la duchesse.*)

SCENE III.

HORTENSE, *puis* NADJA *habillée à la créole. Costume de Virginie, où à peu près, dans* Paul et Virginie.

HORTENSE
Et c'est là celui que je dois épouser ! et personne pour me protéger !.. pas même le frère que le ciel m'a rendu depuis quelques mois seulement... ah ! je suis bien malheureuse !

NADJA, *entrant par la porte du fond et regardant autour d'elle.*
Mon père ne m'a pas emmenée avec lui et m'a laissée dans cette pagode..... qui est bien triste et bien ennuyeuse..... quand Sélino..... c'est à dire quand monsieur le duc n'y est pas. Monsieur le duc... c'est ainsi qu'il faut l'appeler. Quel vilain nom ! et puis il ne vient plus comme là bas attendre mon réveil.., il ne vient jamais. Depuis trois jours à peine si je l'ai vu deux fois.., ça lui fait de la peine... ça le fait pleurer... (*Levant les yeux.*) ah ! mon Dieu..... sa sœur..... qui pleure aussi.

HORTENSE, *essuyant vivement ses yeux.*
Moi ! du tout !

NADJA.
Ah ! je l'ai bien vu ! tout le monde pleure donc ici !

HORTENSE.
Eh bien ! oui... Nadja ! il n'y a que toi à qui je puisse, à qui j'ose le dire !.. j'ai bien du chagrin !

NADJA.
Ah ! dame ! si j'étais encore déesse... tu n'en aurais bientôt plus !

HORTENSE.
Comment cela ?

NADJA.
Je te l'ôterais !.. car là-bas je n'avais qu'à dire je veux !..

HORTENSE.
Toi ! une femme !..

NADJA.
Oui, sans doute, mais ici...

HORTENSE.
Ce n'est plus cela ! on dit bien que les femmes règnent et commandent... mais en réalité elles obéissent toujours... à commencer par moi... que l'on veut marier...

NADJA.
Te marier... je sais ce que c'est ! Zilia me l'a dit. Elle en était bien joyeuse !

HORTENSE.
Et moi bien triste.

NADJA.
Cela dépend donc du climat ?

HORTENSE.
Non, mais du mari, quand on est mal tombée !

NADJA.
Est-ce qu'on ne peut pas changer ?

HORTENSE.
Non !

NADJA.
C'est mal vu ! il faudrait alors en choisir un bien à son gré !

HORTENSE.
Je ne demanderais pas mieux !

NADJA.
Tu en as donc un ?

HORTENSE.
Oui, sans doute... jeune, aimable, bien fait...

NADJA.
Comme Sélino ! Je comprends !

HORTENSE.
Mais sans naissance.

NADJA.
Je ne comprends plus ! il n'est donc pas né !

HORTENSE.
Si vraiment... mais sans fortune !

NADJA.
Et la fortune ? qu'est-ce que c'est ?

HORTENSE, *souriant.*
Ce n'est pas facile à t'expliquer ! Chez nous, vois-tu bien... le bonheur dépend de plus ou moins de petites médailles en argent ou en or que l'on possède...

NADJA.
C'est singulier... à Eldorado il y avait de l'or... mais on le laissait à terre... à ses pieds !

HORTENSE.
Ici... c'est bien différent. Et pour les ramasser on se courbe souvent bien bas... car celui qui en a réuni le plus est toujours bien vu et bien reçu partout ! C'est chez nous, la marque de l'estime et de la considération...

ACTE II, SCÈNE III.

NADJA.

J'entends! Il n'y a alors que les honnêtes gens.. qui en portent!

HORTENSE.

Mais du tout... et souvent même... au contraire...

NADJA.

C'est un drôle de pays que le vôtre !

HORTENSE, *vivement*.

Enfin le mari que ma mère a choisi est un financier ; c'est à dire un homme qui a beaucoup de ces petites médailles ! Et celui que je choisirais moi... est un jeune officier... c'est-à-dire quelqu'un qui en a bien peu... mais je l'aime !

NADJA.

D'amour?...

HORTENSE.

Oui.

NADJA.

Comme Zilia... Je sais ce que c'est... et il t'a embrassée ?

HORTENSE, *vivement*.

Moi !... par exemple !

NADJA, *froidement*.

Là-bas c'était l'usage! (*Naïvement*.) Ce n'est donc pas comme cela... ici ?

HORTENSE, *baissant les yeux*.

Je ne crois pas !... Il venait souvent chez ma mère... à nos soirées... à nos bals... mais jamais il n'aurait osé élever les yeux jusqu'à moi... et il ne se doute même pas que je pense à lui.

NADJA.

Alors, il faut le lui dire, et tout de suite.

HORTENSE, *vivement*.

L'honneur le défend ! une jeune fille ne peut pas avouer à quelqu'un, qu'elle l'aime !..

NADJA.

Eh bien !.. je lui dirai pour toi !

HORTENSE.

Garde-t'en bien. Et si tu le voyais, au contraire..

NADJA.

Je le connais donc ?

HORTENSE.

Mais sans doute... à bord de ce bâtiment qu'il commandait...

NADJA.

D'Esterville !

HORTENSE, *à voix basse*.

Lui-même ! (*A mi-voix*.) Il est bien... n'est-ce pas ?

NADJA.

Tu as raison ! et je serais ingrate, si je n'étais pas de ton avis. Charles, ton frère, était sur le vaisseau-amiral avec Simoun, un prêtre de Brama que M. de Labourdonnaye avait nommé son domestique, une dignité de ce pays, tandis que mon père et moi, nous étions sur un bâtiment plus petit avec d'Esterville, qui ne s'occupait que de moi !

HORTENSE, *étonnée*.

En vérité !

NADJA.

Il me regardait toute la journée... attentif à deviner mes moindres volontés.

HORTENSE, *avec jalousie*.

Et cela ne te semblait pas singulier ?

NADJA.

Mais non ! c'était comme ça dans la pagode !.. et même un jour, que mon père n'était pas là..., il se mit en silence à genoux devant moi...

HORTENSE.

Est-il possible !..

NADJA.

Dame !.. comme tout le monde... dans la pagode !..

HORTENSE, *à part*.

Ah ! c'est indigne ! (*Haut*.) Et qu'a-t-il ajouté ? que vous a-t-il dit ?

NADJA.

Rien. Mon père rentrait dans ce moment ! mais depuis trois jours que nous sommes arrivés... il vient souvent ici...

HORTENSE.

C'est vrai. (*A part*.) et je croyais que c'était pour moi !

NADJA.

Il est si affectueux... si bon... enfin, il a l'air si aimable... que tu as bien raison de l'aimer... de l'aimer comme Zilia... n'est-ce pas... d'amour...

HORTENSE.

Et toi ?

NADJA.

Moi...

HORTENSE.

Tu n'y penses pas ?

NADJA.

Jamais...

HORTENSE, *l'embrassant vivement*.

Ah !..

NADJA, *étonnée*.

Qu'a-t-elle donc ?.. elle se trompe !..

HORTENSE.

Vaudeville de *Voltaire chez Ninon*.

Ah ! pardonne ce mouvement
A mon bonheur, à ma franchise !

NADJA.

Mon cœur en est reconnaissant,
Mais je crains fort quelque méprise,
Ce baiser n'était pas pour moi !
Ou du moins j'ai cru le comprendre !
(*Voyant d'Esterville qui paraît à la porte du fond*.)
Mais ô bonheur !... c'est lui... je crois !
(*Bas à Hortense*.)
Ne crains rien ! .. je vais le lui rendre !

HORTENSE, *la retenant à voix basse*.

Garde-t'en bien ?

SCENE IV.

Les précédents, D'ESTERVILLE.

NADJA, à d'Esterville qui salue respectueusement.

Eh! mon Dieu!... comme tu as l'air triste.

HORTENSE, bas à Nadja.

Il ne faut pas le tutoyer.,. il faut lui dire *vous*.

NADJA.

Il est seul!

HORTENSE, *bas*.

N'importe!

NADJA.

Et il faut lui parler... comme s'il était plusieurs?

HORTENSE.

Sans doute. (*Haut*.) Oui, monsieur le capitaine, j'ai remarqué, ainsi que Nadja, un air sombre qui ne vous est pas habituel.

D'ESTERVILLE.

Ah! c'est que tout m'accable à la fois, Mademoiselle. Mon père ne m'avait laissé pour tout espoir de fortune qu'un procès qui durait depuis dix ans, et ce procès... je viens de l'apprendre... ce matin...

HORTENSE, *avec intérêt*.

Eh bien...

D'ESTERVILLE.

Air : *Quel art plus noble et plus sublime.*
(Visite à Bedlam.)

Je l'ai perdu!... quelle infamie!
Je l'ai perdu complétement!

NADJA.

Qu'est-ce qu'un procès, je vous prie?

D'ESTERVILLE.

Un procès! mais c'est un tourment
Le plus grand qu'on puisse connaître!
C'est un supplice continu!...

NADJA, *lui prenant la main*.

Ah! quel bonheur!... vous devez être
Bien content de l'avoir perdu!

D'ESTERVILLE.

Ah! si ce n'était que cela!.. mais un coup plus terrible pour moi... dans ce moment du moins... là peine arrivé, je reçois de l'amirauté l'ordre de me rembarquer... je pars cette nuit... à bord de l'*Atalante*.

HORTENSE, *à part*.

O ciel!...

D'ESTERVILLE.

Je ne pourrai même pas assister ce soir au bal auquel monsieur de Géronval m'avait invité... ni aux fêtes qui se préparent... il faut m'éloigner de Bordeaux... (*Regardant Nadja*.) dans le temps où j'aurais eu le plus de plaisir à y rester.

HORTENSE, *à part et montrant Nadja*.

C'est elle qu'il regarde.

D'ESTERVILLE.

Je fais voile pour la Martinique, (*A Hortense qui vient de se laisser tomber dans un fauteuil.*) où madame la duchesse votre mère a une partie de sa famille, et je venais avant mon départ lui demander ses ordres... (*Il fait quelques pas vers la porte à gauche, qui est celle de l'appartement de la duchesse, et voyant Hortense assise qui lui tourne le dos, il dit à Nadja.*) Ah! Nadja! vous ne refuserez pas ce bouquet?..

NADJA.

Il est pour moi?..

D'ESTERVILLE.

C'est un dernier souvenir... quelques-unes de ces fleurs que vous aimez tant.

ENSEMBLE.

Air : *D'un trouble inconnu.* (Lestocq, acte II, scène V

HORTENSE, *regardant d'Esterville*.

D'un trouble inconnu
Son cœur est ému!
Près d'elle, je voi
Son émoi!
Son front a rougi,
Il a tressailli!
Voyons, observons tout d'ici!

NADJA, *regardant Hortense*.

D'un trouble inconnu
Son cœur est ému!
Mais je l'ai juré, moi,
Je dois
Pour elle et pour lui
Me faire, aujourd'hui,
Leur interprète et leur appui!

D'ESTERVILLE, *regardant Nadja*.

D'un trouble inconnu
Son cœur est ému!
Son cœur est, je le voi,
Pour moi!
Oui, j'ai réussi
Tout me dit ici
Que si
J'aime, je plais aussi!
(*Bas à Nadja*.)
Prenez garde... observez la rose du milieu
Mon sort est dans vos mains... adieu...

NADJA, *étonnée*.

Comment!

D'ESTERVILLE.

Adieu!

ENSEMBLE.

D'un trouble inconnu! etc.

(*D'Esterville sort par la porte à gauche.*)

SCÈNE V.

HORTENSE, NADJA, qui est pensive.

HORTENSE, *se retournant vivement*.

Qu'est-ce que c'est? qu'est-ce qu'il t'a remis?

NADJA.

Ce bouquet...

HORTENSE, *avec ironie.*
Il est superbe !
NADJA.
Et il m'a dit tout bas : Prenez-garde à la rose du milieu.
HORTENSE, *vivement.*
En vérité !
NADJA,
Et il a ajouté en s'en allant : Vous tenez mon sort dans vos mains !
HORTENSE.
Ah ! voyons !
(*Toutes deux regardent dans le bouquet.*)
NADJA.
O ciel !.. un petit papier... et il y a dessus... attends... attends... car je commence à lire : Pour Nadja ! (*Voulant l'ouvrir.*) Voyons...
HORTENSE, *l'arrêtant.*
Comment ! tu vas le lire ?..
NADJA.
Dame ! puisqu'on m'apprend... je pense que c'est pour cela !
HORTENSE.
Du tout. Une jeune fille... ne doit jamais recevoir ni ouvrir les lettres qu'on lui écrit.
(*Elle la lui arrache des mains et la décachette vivement.*)
NADJA.
Eh bien... tu l'ouvres...
HORTENSE.
Moi !.. c'est différent... ce n'est pas à moi qu'elle est adressée... (*Lisant, à part.*) O ciel... il l'aime... et demande à la voir... ce soir avant son départ... (*Avec douleur.*) Ah ! l'ingrat !
NADJA.
C'est Charles !
HORTENSE.
Mon frère... que dans ce moment... je ne puis Recevoir... reste avec lui ! je l'aime mieux !
NADJA, *gaiement.*
Et moi aussi !
(*Hortense sort vivement par la porte à droite.*)

SCÈNE VI.

NADJA, CHARLES, *en habit français, poudré et l'épée au côté, entrant par la porte du fond.*
CHARLES, *poussant un cri de joie.*
Nadja !
NADJA, *regardant autour d'elle.*
Tu es seul ?
CHARLES.
Oui.
NADJA.
Je peux donc ne pas t'appeler monsieur le duc ?
CHARLES.
Certainement... tu as congé ! et moi aussi !... au diable le rudiment !.. (*Il jette en l'air un livre qu'il tenait à la main.*)

NADJA.
A la bonne heure ! car il me semble que je parle à un autre ; et c'est tout au plus si je te reconnais ! (*Le regardant.*) Comme ils t'ont vieilli !.. des cheveux blancs... à ton âge... mais c'est égal ! c'est bien toi... n'est-ce pas ?
CHARLES.
Oui, sans doute ! et il y a si long-temps que je ne t'ai vue !
NADJA.
Le temps est bien plus long dans ce pays !
CHARLES.
J'aimais mieux notre île.
NADJA.
C'est ce que je disais tout à l'heure.
CHARLES.
Trincoli était moins ennuyeux avec les préceptes de Brama... que ce Monsieur en noir qu'ils m'ont donné pour m'apprendre le latin...
NADJA.
Le latin ? c'est donc une langue... qu'on parle ici !
CHARLES.
Non. Nulle part ! c'est pour cela qu'on commence par là !..

Air : *Aussitôt que je t'aperçois.*

On me l'apprend soir et matin !
NADJA.
Quel singulier système !
CHARLES.
Et je n'ai compris au latin
Qu'un verbe : *Amo.* Je t'aime !
Et tous les jours il faut par cœur
Le dire à mon vieux précepteur,
Le dire, le dire, à mon précepteur !
Je suis tenté, dans ma colère,
De lui réciter le contraire !
Et si quelquefois (*bis.*) je dis juste, tiens ! c'est, je crois,
Qu'en ce moment je pense à toi !
NADJA.
A moi, Monsieur ! c'est très bien.
CHARLES.
Car dans tous mes chagrins, j'ai conservé l'habitude de t'implorer... de te prier ! et si tu pouvais, Nadja, me délivrer du latin ! et surtout de mon précepteur !
NADJA.
Impossible ! il paraît... qu'en quittant notre île, j'avais perdu toute ma puissance.
CHARLES.
Toute !
NADJA.
Eh ! mon dieu, oui.
CHARLES.
Je crois que tu te trompes...
NADJA.
En vérité ?...
CHARLES.
Oui, car ta vue produit toujours sur moi le

même effet... je tremble... près de toi, comme quand tu étais déesse.

NADJA, *lui prenant vivement la main.*
C'est vrai pourtant.

CHARLES.
Et maintenant encore... rien qu'en touchant ta main... j'ai comme la fièvre...

NADJA.
La fièvre !

CHARLES.
Oui...

NADJA.
Cela se gagne donc... et moi aussi !

CHARLES.
Et le cœur me bat... d'une force !

NADJA.
Moi de même !

CHARLES.
Bien vrai ?

NADJA, *pressant sa main contre son cœur.*
Vois plutôt ! et sais-tu d'où cela vient ?

CHARLES.
Oui !

NADJA.
Tu es donc plus savant que moi ?

CHARLES.
Certainement ! à bord de ce vaisseau où je parlais de toi... toujours de toi... ce que je prenais pour un sentiment religieux... c'était de l'amour, m'ont-ils dit ! ce n'était pas Brama que j'aimais en toi !.. c'était toi-même !..

NADJA, *souriant.*
Impie !..

Air : *Dire à moi sans mystère.* (d'Éliska.)

NADJA.
Je ne suis plus déesse
Mais je n'ai pas tout perdu !

CHARLES.
Vraiment !

NADJA.
Oui, si j'ai ta tendresse
C'est le ciel qui m'est rendu !

CHARLES.
Vraiment ! que ta divinité cesse ?
Mais non jamais nos amours,
Et mortelle ou déesse
Je t'adore toujours !

ENSEMBLE.
Oui, mortelle ou déesse,
Mon
Son cœur m'aimera toujours !

DUO.

CHARLES.
Pour moi rien n'est changé,
Puisqu'auprès de toi je peux vivre !

NADJA.
Et du bonheur que j'ai
Sans crainte ici mon cœur s'enivre !

CHARLES.
Toujours unis !

NADJA.
Toujours amis !

CHARLES.
En toi je crois.

NADJA.
Comme autrefois.

CHARLES.
Toujours je t'aime.

NADJA.
Toujours de même !

ENSEMBLE.
Et bien, mieux que là-bas, tous deux
Ici, nous pouvons être heureux !
Là bas ! pauvre déesse
Vivait seule et sans ami...

CHARLES.
Ah! pour nous quelle ivresse
Je puis être ton ami,
Et même aussi
Ton mari !
A moi ta main !

NADJA.
Bonheur soudain !

CHARLES.
Quel doux transport !

NADJA.
Quel heureux sort !

CHARLES.
Remplit mon âme !

NADJA.
Qui ! moi ! ta femme ?

ENSEMBLE.
Oui, bien mieux que là-bas, tous deux
Ici, nous pouvons être heureux !
Là bas ! pauvre déesse
Vivait seule et sans ami !

SCÈNE VII.
LES PRÉCÉDENTS, MARDOCHE.

MARDOCHE.
Eh bien... eh bien, monsieur le duc... que faisiez-vous donc là ?

NADJA.
Il se réjouit avec moi de ce que je ne suis plus déesse.

MARDOCHE.
Pourquoi cela ?

NADJA.
Parce qu'autrefois par malheur j'étais trop au-dessus de lui pour qu'il fût mon mari... tandis que maintenant...

MARDOCHE.
Il est trop au-dessus de toi pour que tu sois sa femme !

CHARLES.
Que voulez-vous dire ?

MARDOCHE.
Que tour à tour trop haut ou trop bas... il y a, mes enfants, comme une fatalité qui vous empêchera toujours d'être de plain-pied. Madame la

duchesse vient de me signifier nettement qu'elle aimerait mieux mourir que de reconnaître Nadja pour sa belle-fille.

NADJA.
Et pourquoi cela ?

MARDOCHE.
Parce que les duchesses... vois-tu bien, sont les déesses de ce pays.

CHARLES.
Ma mère vous a dit cela ?

MARDOCHE.
A moi, en personne, à moi qui venais de lui rendre son fils !... sans compter d'autres humiliations... et quoique philosophe... je n'y ai pas tenu ! je me suis mis en colère... non pour moi !.. mais pour toi, mon enfant... Me proposer de te prendre comme femme de chambre...

NADJA.
Un bel état ?

MARDOCHE.
Par exemple ! quand on a été déesse ! Dès demain, nous quittons cette maison !

CHARLES.
Avec moi ?...

NADJA.
Oui, oui, avec nous !...

MARDOCHE.
Non ! non !

CHARLES.
Et où irez-vous?... que ferez-vous d'elle ?...

MARDOCHE.
Est-ce que je sais? brodeuse... modiste.. couturière... J'aimerais assez couturière... mais elle n'a rien appris, elle ne sait rien... rien qu'être déesse !

NADJA.
On ne m'a élevée qu'à ça.

MARDOCHE.
N'importe? elle ne mourra pas de faim... je me remettrai en maison!.. intendant, maître-d'hôtel... je travaillerai pour deux !

CHARLES.
Et moi avec vous.

MARDOCHE.
Toi, un duc !... tu ne le peux pas! cela ne t'est pas même permis ! Mais ta mère... te demande... va-t'en... va la retrouver, et adieu pour toujours !

CHARLES, *courant à Nadja.*
Moi je ne veux pas te quitter.

NADJA.
Ni moi non plus.

MARDOCHE.
Il le faut cependant.

CHARLES et NADJA.
Jamais ! jamais !

MARDOCHE.
Pauvres enfants... Ah! si j'étais noble... si j'étais riche seulement... on s'arrangerait du reste... et dans un pays où l'on foulait l'or aux pieds... je n'ai pas pensé seulement !..Ah! pourquoi ai-je quitté l'île... (*Apercevant Charles et Nadja qui sont dans les bras l'un de l'autre.*) Eh bien, eh bien? Dieu me pardonne ! je crois qu'ils s'embrassent... Qu'est-ce que vous faites là ?

NADJA.
Nous pleurons !

MARDOCHE.
Ils appellent cela pleurer. (*A part.*) C'est la douleur qui les égare... (*Haut.*) Mais votre mère, votre sœur désirent vous voir.

Air : *Prenez pitié de ma misère.* (d'Adhémar.)

Allons, il faut qu'on se sépare;
Hélas ! ils se font leurs adieux !
Pauvres enfants ! le sort barbare
Demain nous fait quitter ces lieux !
(*A Charles.*)
Venez, le plaisir vous appelle
Et l'on vous attend pour ce bal !
CHARLES, *tenant toujours Nadja pressée contre lui.*
J'aime mieux pleurer avec elle!

NADJA.
Ça le console!...

MARDOCHE.
C'est égal !

ENSEMBLE.

MARDOCHE.
Allons, il faut qu'on se sépare,
Et c'est assez... c'est trop d'adieux!
Pauvres enfants, le sort barbare
Demain nous fait quitter ces lieux.

NADJA ET CHARLES.
Pourquoi faut-il qu'on nous sépare,
Faisons-nous encor nos adieux!
Puisque demain, le sort barbare
Nous fait, hélas ! quitter ces lieux.

(*Mardoche sort par la gauche en emmenant Charles qui résiste et qui tend les bras à Nadja.*)

SCÈNE VIII.

NADJA, *seule.*

Quelle désolation, mon Dieu !.. et je n'y comprends encore rien... si ce n'est que nous allons tous être malheureux et séparés! pourquoi?.... parce que nous n'avons pas une collection plus ou moins grande de ces petites médailles... dont m'a parlé Hortense... En vérité, cela ferait rire... si je ne les avais pas vus pleurer... tous les deux... mon pauvre père et puis Charles... ce qui est cause que je pleure aussi...

SCÈNE IX.

NADJA, GÉRONVAL, *en grand costume de bal, suivi d'un valet de pied.*

GÉRONVAL, *à la cantonnade.*

Que la voiture attende sous le vestibule. (*Au valet.*) Prévenez ces dames... que c'est moi, M. de

Géronval, qui viens les prendre et les conduire moi-même au bal... (*Se retournant et apercevant Nadja qui s'est assise rêveuse et lui tournant le dos.*) Eh mais! n'est-ce pas là cette jeune fille que madame la duchesse veut, par mon crédit, faire jeter dans un couvent!... c'est absurde! il y a d'autres moyens plus faciles et plus doux de l'enlever à son fils... et je m'en charge pour rendre service à la famille... j'en ai subjugué de plus sauvages et, comme l'on dit : « Jamais surintendant « n'a trouvé de cruelles! » (*Voyant Nadja qui porte son mouchoir à ses yeux.*) Attaquons! j'arrive, je crois, dans un accès de mélancolie... vous pleurez, ma belle enfant.

NADJA, *tressaillant.*

Ah! mon Dieu!..... quelle est cette nouvelle figure?..

GÉRONVAL.

Ma physionomie l'a frappée.

NADJA.

Mon Dieu! qu'ils sont donc laids dans ce pays-ci, lui surtout... avec ces habits si grotesques...

GÉRONVAL, *galamment.*

Ce n'est pas moi... ma belle enfant, qui vous ferais pleurer...

NADJA.

Oh! non, monsieur!.. au contraire!... mais je ne peux pas en ce moment. J'ai trop de chagrin pour cela!

GÉRONVAL.

Des chagrins... cela se trouve à merveille.

Air : *Puisque nous sommes au bal.*

Écoutez, la belle des belles,
Le ciel m'a donné pour emploi
De consoler les demoiselles!
C'est mon état !

NADJA.

A vous?

GÉRONVAL.

A moi!

NADJA.

Est-ce bien vrai?

GÉRONVAL.

Sur ma parole!
Surtout les belles aux doux yeux !...
Voyons? veux-tu qu'on te console ?

NADJA.

Je ne demande pas mieux !

GÉRONVAL.

Dites-moi alors qu'est-ce qui vous chagrine?

NADJA.

C'est de ne pas avoir des petites médailles... en or.

GÉRONVAL.

Vous voulez dire des louis d'or !

NADJA.

C'est possible! je n'y tiens pas !

GÉRONVAL, *à part.*

Il paraît, au contraire, qu'elle y tient... et la jeune Indienne est d'une franchise... (*Haut.*) De sorte que vous en voudriez ?

NADJA, *naïvement.*

Beaucoup!.. où en donne-t-on?

GÉRONVAL, *à part.*

Voilà qui est singulier !.. (*Haut.*) Mais moi d'abord, j'en ai! moi, Géronval le millionnaire, dont vous avez entendu parler.

NADJA.

Non.

GÉRONVAL.

J'en ai trop! et c'est ce qu'il faut pour être heureux !

NADJA.

C'est justement ce qu'on m'a dit. Alors... (*Tendant la main.*) Donnez-m'en...

GÉRONVAL.

A vous!

NADJA.

A moi!

GÉRONVAL.

Et combien ?..

NADJA, *tendant le pan de sa robe.*

Donnez-m'en trop !

GÉRONVAL, *à part et stupéfait.*

Pardi! voilà une scène de séduction qui n'a pas été difficile à filer. (*Haut.*) Avec moi, mon ange, vous n'aurez qu'à parler... je me charge de votre sort... à vous et aux vôtres !

NADJA.

Comment cela ?

GÉRONVAL.

En entrant... j'ai rencontré Mardoche votre père. Une ancienne connaissance. Je viens de l'envoyer à la terre du marquis de Langeac, qui désire un intendant, et quant à vous, ma chère enfant, n'avez-vous pas été déesse... dans votre pays ?

NADJA.

Pendant quatorze ans.

GÉRONVAL.

Vous le serez encore ici... vous serez la mienne!.. et les petites médailles, que vous aimez tant, vous tomberont en pluie d'or... et vous serez idolâtrée par moi, qui serai trop heureux de vous le dire à genoux. (*Il s'y précipite.*) Nadja! Nadja! vous me regardez et je vois que vous êtes rêveuse !

NADJA.

C'est vrai!

GÉRONVAL.

A quoi pensez-vous ?

NADJA.

A mon prédécesseur, dont le portrait était dans la pagode. C'est étonnant... comme vous lui ressemblez !

ACTE II, SCÈNE X.

GÉRONVAL.
A qui donc...

NADJA.
Au Singe vert!

GÉRONVAL, *se relevant avec colère.*
Mademoiselle, un pareil outrage... (*A part.*) On vient...

NADJA.
Tiens! un dieu!..

GÉRONVAL.
Par bonheur, personne ne m'a vu. (*Haut, et allant au-devant de la duchesse.*) Enfin, tout le monde est prêt pour le bal.

SCÈNE X.

LES PRÉCÉDENTS, CHARLES, *et* HORTENSE, *sortant de l'appartement à droite,* LA DUCHESSE, *et* D'ESTERVILLE, *de l'appartement à gauche.*

CHARLES, *à Hortense.*
Dieu! ma sœur, comme vous êtes belle.

HORTENSE, *tristement.*
Il le faut bien, quand on va au bal! (*A Nadja.*) Que dis-tu de ma robe... est-ce qu'elle ne te plaît pas?

NADJA.
Non!.. je la trouve trop courte... par en haut... n'est-ce pas, Charles?

LA DUCHESSE, *avec aigreur.*
D'abord, Mademoiselle, je vous ai défendu de l'appeler Charles.

NADJA.
Je l'avais oublié. Eh bien donc, et puisque vous allez au bal! adieu, monsieur le duc... amuse-toi bien.

LA DUCHESSE.
Encore!

D'ESTERVILLE.
Ah! Madame!.. (*A part.*) Pauvre enfant!..
(*Les acteurs sont dans l'ordre suivant. Charles près de l'appartement à droite du spectateur, puis Hortense assise, Nadja, d'Esterville debout. A gauche du spectateur, la duchesse et Géronval à l'extrême gauche.*)

GÉRONVAL, *bas à la duchesse.*
Je vous livre la jeune insulaire, cette naïve Indienne, pour la petite personne la plus rusée, la plus coquette...

LA DUCHESSE.
Quand je le disais...

GÉRONVAL
Je suis maintenant de votre avis... heureusement... le gouverneur sera à ce bal... nous obtiendrons de lui l'ordre que vous désirez... et je vous promets bien que ce soir... (*Il continue à parler bas avec la duchesse.*)

NADJA, *regardant Hortense, qui, assise à gauche, baisse tristement la tête.*
Ah! comme elle est triste... je n'y tiens plus! (*Bas à d'Esterville.*) Il faut que je te parle.

D'ESTERVILLE, *à demi-voix.*
Pas devant ce monde.

NADJA, *de même.*
Comment donc faire?

D'ESTERVILLE, *vivement.*
Ils vont tous à ce bal... vous n'y allez pas... et tout à l'heure... ici... avant mon départ...

NADJA.
C'est bien!...

HORTENSE, *qui a avancé la tête et qui vient d'entendre les phrases que d'Esterville et Nadja viennent d'échanger.*
O ciel... un rendez-vous!

CHARLES, *à sa sœur.*
Qu'avez-vous donc?

ENSEMBLE.

Air : *Si je l'osais* (de d'Aranda.)

CHARLES.
Il faut partir!
(*Regardant Nadja.*)
Mon seul bonheur est de la voir!
L'ennui m'attend au plaisir de ce soir.
Oui, de ce bal je ne suis point jaloux,
Et demeurer près d'elle est bien plus doux!

NADJA, *à part, regardant d'Esterville.*
C'est entendu... c'est dit, je l'attendrai ce soir!
Mon cœur encor conserve un doux espoir!
Pour l'amitié, ce sentiment si doux,
Je promets d'être exacte au rendez-vous!

GÉRONVAL.
C'est convenu, c'est dit! du moins j'en ai l'espoir
Oui, j'obtiendrai cet arrêt dès ce soir.
Pour nous venger, tout me semblera doux.
Elle sera bientôt sous les verroux!

HORTENSE.
Qu'ai-je entendu? mon cœur devait-il le prévoir!
Ah! la perfide!... elle l'attend ce soir!
A l'amitié maintenant fiez-vous!
Ah! j'ai perdu mes rêves les plus doux!

D'ESTERVILLE.
Qu'ai-je entendu? mon cœur bat d'amour et d'espoir!
Ils vont partir, elle m'attend ce soir.
Que ce moment à mon cœur sera doux!
Je promets d'être exact au rendez-vous!

LA DUCHESSE.
C'est convenu! pour moi quel doux espoir!
Mon fils échappe au danger dès ce soir.
Il faut agir, il le faut. Hâtons-nous?
Vous le jurez? je puis compter sur vous!

HORTENSE, *à part.*
Me voir trahie ainsi par elle
Rien ne pourra me consoler!
(*Bas à Charles.*)
Et toi, dans ma douleur mortelle
Viens? j'ai besoin de te parler!

LA DUCHESSE, *bas à Géronval.*
Cet ordre qu'ici je réclame,
Il faut l'obtenir à l'instant!

GÉRONVAL, *à voix basse.*
Cette nuit même on va, Madame,
Mettre la déesse au couvent !
REPRISE DE L'ENSEMBLE.
(*Géronval offre la main à la duchesse. Charles à sa sœur; d'Esterville sort par le fond avec eux.*)

SCÈNE XI.
NADJA, *seule.*

Pauvre Charles ! comme il avait un air fâché et malheureux en allant à ce bal. Et Hortense, sa sœur... le dépit et la colère brillaient dans ses yeux ! Elle, c'est différent... je sais bien pourquoi? parce qu'elle aime d'Esterville... qui ne s'en aperçoit seulement pas... heureusement je suis là.

SCÈNE XII.
NADJA, D'ESTERVILLE.

NADJA.
Ah! c'est toi... déjà !
D'ESTERVILLE.
Je ne suis pas sorti de l'hôtel... pendant qu'ils montaient en voiture je me suis glissé sous le vestibule... Ils sont à cette fête pour toute la nuit.
NADJA.
Tant mieux !..
D'ESTERVILLE.
Et ton père !..
NADJA.
Il n'est pas rentré... il est allé pour une place d'intendant chez monsieur de Langeac.
D'ESTERVILLE.
A deux lieues de Bordeaux... et nous sommes seuls, tout à fait seuls.
NADJA.
Et j'en suis bien contente !
D'ESTERVILLE.
Ah ! c'est trop de bonheur !... et dans quelques instants, il m'est ordonné de partir.
NADJA.
C'est justement pour cela que je tenais à te voir...
D'ESTERVILLE.
Ne t'inquiète pas ! (*Lui montrant la fenêtre à droite.*) D'ici l'on aperçoit mon vaisseau prêt à mettre à la voile ; je serai averti du départ... Alors !.. alors, je l'espère, je ne partirai pas seul !
NADJA.
Que veux-tu dire ?
D'ESTERVILLE, *avec passion.*
Depuis le jour, Nadja... où je t'enlevai de cette île... si tu savais combien j'ai éprouvé de tourments jusqu'alors inconnus.
NADJA.
Et moi donc !...
D'ESTERVILLE.
Bien vrai ?..

NADJA.
Est-ce que je mens jamais ?...
D'ESTERVILLE.
Et pendant cette traversée... quand tu étais à mon bord, c'est-à-dire sous la sauve-garde de l'honneur et de l'hospitalité...
NADJA.
Je sais tout ce que je te dois !.. je crois à ton amitié. Tu n'as pas besoin pour cela de me baiser la main... mais, si ça te fait plaisir... c'est égal...
D'ESTERVILLE, *avec chaleur.*
Mais alors tout s'opposait à mes vœux... et ta candeur même m'eût imposé le silence, quand l'honneur ne me l'eût pas commandé... mais le son de ta voix me faisait tressaillir.
NADJA, *effrayée.*
Tiens !..
D'ESTERVILLE.
Mais nuit et jour ton image... ne me quittait pas...
NADJA, *de même.*
Est-il possible ?
D'ESTERVILLE.
Et ce trouble... cette émotion que j'éprouvais... juge de mon ivresse... en voyant que dans ce moment même... tu les comprends... tu les partages...
NADJA.
Oui... oui... ce trouble... ces rêves... je connais tout cela... je l'éprouve !..
D'ESTERVILLE.
O bonheur !
NADJA.
Pour Charles... pour lui... pour lui seul...
D'ESTERVILLE, *poussant un cri de désespoir.*
Ah !.. tu l'aimes... Nadja ! moi qui venais t'offrir ma main, et t'emmener avec moi ! tu l'aimes?
NADJA.
Est-ce ma faute ?.. devais-je te tromper ?
D'ESTERVILLE.
Non !.. et pourtant, Nadja, c'est bien mal de ne pas aimer qui nous aime!
NADJA.
Le crois-tu ?
D'ESTERVILLE.
Oui ! c'est un crime ?.. c'est de l'ingratitude !
NADJA.
Eh bien! ce crime... que tu me reproches, tu le commets aussi dans ce moment.
D'ESTERVILLE.
Moi !..
NADJA.
Oui ! toi qui parles, tu n'es qu'un ingrat. Et l'ingratitude est d'autant plus grande, que le bien que l'on t'offre est plus beau, plus précieux mille fois que celui que tu regrettes.
D'ESTERVILLE.
Que dis-tu ?

NADJA.

Aveugle que tu es... tu ne vois pas qu'il y a ici une jeune fille, belle, riche, adorée de tous, et qui ne pense qu'à un seul... à toi...

D'ESTERVILLE.

Ce n'est pas possible... Hortense!...

NADJA.

Elle t'aime... elle souffre... elle pleure!.. Elle m'a fait promettre le silence! je l'ai juré! mais je suis son amie, je suis la tienne, et quand je manque à mon serment pour faire des heureux... (*Portant la main à son cœur.*) quelque chose me dit là que Brama... ou tout autre, doit pardonner au parjure!..

D'ESTERVILLE, *comme accablé par ses réflexions.*

Elle a laissé tomber un regard sur moi!... moi, sans fortune, à peine gentilhomme... elle, d'une illustre maison!..... ah! je ne suis pas digne d'un tel honneur!

NADJA.

Maintenant... non! mais il faut le mériter!

Air d'*Aristipe*.

Il faut chasser une idée importune
Et m'oublier, moi, qui ne t'aime pas!
Il faut partir!... La gloire et la fortune,
Je le prédis, te suivront aux combats,
Et près de nous, bientôt tu reviendras.
Tu reviendras, devant tout à toi-même,
Fier des succès, des titres obtenus!
Tu lui diras tout haut : Oui, je vous aime!
A moi, tout bas : Je ne vous aime plus ;
Oui, grâce au ciel, je ne vous aime plus!

D'ESTERVILLE, *avec émotion.*

Nadja! Nadja!

NADJA.

Toutes les deux nous te remercierons. Elle te dira : Mon époux..... moi : Mon ami..... Voyons! voyons!... choisis... adoré d'elle... et aimé de moi? ne le veux-tu pas?

GÉRONVAL *paraît et dit à la duchesse qui n'est pas encore en scène.*

Vous le voyez!.. (*Puis il se dirige avec précaution vers la porte du fond.*)

(*Un coup de canon se fait entendre.*)

D'ESTERVILLE.

C'est le signal du départ... ah! comment résister à ta voix... tu es ma divinité... tu es mon bon ange.

NADJA.

Non... mais ta sœur! * (*Elle se jette dans ses bras, et d'Esterville la presse sur son cœur. En ce moment la duchesse paraît à la porte de l'appartement à gauche.*)

D'ESTERVILLE, à *Nadja.*

Adieu... adieu... (*D'Esterville sort par la porte à droite. Nadja par la gauche, au premier plan.*)

GÉRONVAL, *ouvrant la porte du fond qui laisse voir plusieurs exempts.*

Messieurs, exécutez vos ordres!.. (*Les exempts se dirigent vers la porte à gauche, où Nadja est entrée.*)

~~~~~~~~~~~~~~~~~~~~~~~~~~~~~~

SCÈNE XIII.

GÉRONVAL, LA DUCHESSE, *traversant le théâtre*, CHARLES *et* HORTENSE, *paraissant à la porte de l'angle à gauche.*).

HORTENSE, *retenant Charles qui veut s'élancer sur le théâtre.*

Non... je ne te quitte pas... et je t'empêcherai de faire une folie!..

CHARLES, *se dégageant et s'élançant sur le théâtre.*

Nadja! Nadja! où est-elle?

GÉRONVAL.

Partie!.. enlevée par...

LA DUCHESSE, *montrant la fenêtre à droite.*

Par le capitaine d'Esterville, dont le vaisseau vient de mettre à la voile. (*Hortense et Charles poussent un cri. Charles, qui se soutient à peine, tombe à genoux près du fauteuil où Hortense vient de tomber sans connaissance, et se cache la tête dans ses mains.*)

CHARLES.

Ah! c'est vrai!.. Nadja!.. l'infidèle!.. ah!.. (*Il tombe sur un siège.*)

LA DUCHESSE, *allant à lui.*

Mon fils!

GÉRONVAL, *voyant Hortense qui tombe sur un fauteuil.*

Grand Dieu! ma prétendue!..

(*Le rideau tombe.*)

* Air : *Que le tyran frémisse.* (Finale du troisième acte de *Gustave.*)

FIN DU DEUXIÈME ACTE.

ACTE TROISIÈME.

Le théâtre représente un pavillon élégant donnant sur des jardins.

SCENE PREMIERE.
GÉRONVAL, seul.

Elle n'y est pas?... Azoline est à Paris... à la répétition... et à Paris on m'a dit qu'elle était à sa campagne... à son château de Versailles... (*Appelant.*) Simoun !... (*Se promenant avec agitation.*) Ayez donc une inclination à l'Opéra !... ruinez-vous pour elle !... (*Appelant.*) Simoun !!... où est-il, cet Indien... ce Caraïbe... le plus indolent des valets... Simoun ! ! !...

SCÈNE II.
GÉRONVAL, SIMOUN.

SIMOUN.
Voilà! voilà! Monsieur !...

GÉRONVAL.
Où étais-tu ?...

SIMOUN.
En bas !... avec Verte-Allure, votre cocher, qui était sur son siège... les bras croisés.

GÉRONVAL.
Et toi, que faisais-tu ?...

SIMOUN.
Dame !... j'aidais Verte-Allure !...

GÉRONVAL.
Paresseux! sais-tu où nous sommes, ici?

SIMOUN.
Non, Monsieur... c'est la première fois que j'y viens avec vous.

GÉRONVAL.
Et tu n'as pas causé avec les valets de la maison, comme un bon domestique doit le faire?... Tu ne les as pas interrogés sur leurs maîtresses?

SIMOUN.
Puisque je dormais...

GÉRONVAL.
Je te chasse !...

SIMOUN.
Pardi ! la perte n'est pas grande !... (*S'asseyant dans un fauteuil.*) Je pourrai du moins me reposer.

GÉRONVAL.
Air de *Calpigi*.
A quoi nous sert donc d'être riches?
De votre or ne soyez point chiches,
Payez pour être bien servis !
Payez donc pour être chéris ! (*bis.*)
Et l'on se voit trompé sans cesse,
Par ses valets, par sa maîtresse.
En vérité, c'est affligeant,
On n'a plus rien pour son argent.

J'aurais mieux fait, il y a dix-huit mois, de me marier... Mais mademoiselle Montauron a préféré se jeter dans un couvent... et quand pour me consoler je m'adresse à l'Opéra... à la belle Azoline... (*Se promenant avec agitation.*) Six cent mille livres en moins d'une année !!... c'est le prince étranger qui me l'enlève... c'est sûr... à moins que ce ne soit le surintendant des finances... je suis d'une jalousie!... si je pouvais obtenir par lui la ferme des gabelles... cela serait un dédommagement qu'il me doit... (*Appelant.*) Simoun ! (*A part.*) Cela me ferait trouver sur-le-champ les sept à huit cent mille livres dont j'ai besoin et sans lesquelles... (*Appelant avec impatience.*) Simoun !!...

SIMOUN, *dans le fauteuil.*
Qu'est-ce que c'est ?...

GÉRONVAL.
Je retourne à Paris... et si elle n'est réellement pas à sa répétition, je reviens ici faire un éclat... Non, non, modérons-nous. Elle ne demanderait peut-être pas mieux que de rompre... et je dois être furieux... A l'amiable... ma voiture !...

SIMOUN, *froidement et toujours assis.*
Comment dites-vous ?...

GÉRONVAL.
Fais avancer ma voiture.

SIMOUN, *de même.*
Ça ne me regarde plus... vous m'avez donné mon congé.

GÉRONVVL, *avec colère.*
Air : *Nous allons nous mettre à table* (Demoiselle à marier.)
De nouveau, dans ma colère,
Je le donne...

SIMOUN.
Je reçois ;
Et c'est beau, car, d'ordinaire,
Vous ne donnez pas deux fois.

GÉRONVAL.
Ah! je voudrais, Dieu me damne!
Si chez moi j'étais encor,
Te donner cent coups de canne,
De ma canne à pomme d'or,
Oui, de ma canne à pomme d'or.

ENSEMBLE.

SIMOUN.
Ah! calmez votre colère!
Chacun de nous a ses droits ;
Vous donnez peu, d'ordinaire,
Et moi toujours je reçois.

GÉRONVAL.
Tu crois en vain te soustraire
A mon pouvoir, à mes lois !
Insolent, crains ma colère;
Tu sauras quels sont mes droits.
(*Géronval sort.*)

SCÈNE III.
SIMOUN, seul.

Sa canne à pomme d'or !... comme c'est financier !... comme c'est impertinent, et il faudrait s'exténuer pour servir ces animaux-là !... Moi qui suis paresseux avec délices !... c'est un reste de mon ancien état !... et depuis que je suis dans ce maudit pays d'Europe... depuis dix-huit mois, il faut travailler pour vivre !... quel abus !... O Brama !... ô Nadja !... ô puissante Déesse, que j'ai méconnue ! c'est vous qui me punissez... d'avoir écouté les impostures de Trincoli... d'avoir consenti à servir tous ces faux dieux... qu'on appelle en Europe des maîtres et des bourgeois... qui vous laissent à table, debout et derrière eux, et ne vous abandonnent après eux les restes du sacrifice, qu'à la condition de travailler soir et matin... tandis que là-bas... commander au lieu d'obéir... manger et boire à volonté... et de première main !... Ah ! que ne suis-je encore à Eldorado !

Air : *Del Senor baroco* (du Vampire).

C'était bien plus commode ;
Je t'implore, ô Brama !
Ah ! rends-moi ma pagode,
Ma déesse Nadja !
(*Se retournant en regardant à droite.*)
Mais est-ce un vertigo ?
Oh !
Et qu'aperçois-je là ?
Ah !
Quel miracle nouveau !
Oh !
C'est elle, c'est Nadja,
(*Tombant à genoux.*)
Ah !

SCÈNE IV.

NADJA, *entrant par le fond, elle est habillée à la française* ; SIMOUN, *à genoux.*

NADJA, *entrant vivement.*
Où suis-je?.. [n'est-ce point un rêve, et après dix-huit mois de prison... quel pouvoir inconnu m'a transportée dans ces jardins magnifiques !... Ah ! nouvelle surprise. (*Apercevant Simoun qui lève la tête.*) Simoun !..

SIMOUN.
Oui, déesse !.. oui, puissante Nadja !

NADJA.
Moi !.. déesse !.. comme autrefois !

SIMOUN.
Comme toujours... malgré les changements et transformations... que vous jugez à propos de prendre, ainsi que Brama, votre père !

NADJA.
Toi, Simoun... mon ancien serviteur !..

SIMOUN.
Un apostat... un renégat... qui vous avait abandonnée un instant et qui vous revient plus fidèle que jamais ! j'avais voulu, comme un imbécile, raisonner et comprendre... j'y renonce. Tout ce que vous me direz... je le crois d'avance .. tout ce que vous m'ordonnerez, je le ferai...

NADJA.
Très bien ! en ce cas réponds. Où sommes-nous?

SIMOUN.
J'ai cru d'abord être dans un pays qu'ils appellent Versailles... Il paraît que je me trompe... et qu'il n'existe pas...

NADJA.
Si vraiment ! si j'en crois les leçons de géographie qu'on m'a données au couvent...

SIMOUN.
Au couvent... vous y avez été ?

NADJA.
Pendant dix-huit mois... on m'y retenait sous prétexte de me donner de la religion !..

SIMOUN.
A une déesse ?!..

NADJA.
Et hier matin... un vieux monsieur, d'une figure respectable, est venu dans une voiture de la cour... me délivrer... et me conduire ici, à Versailles.

SIMOUN.
Nous sommes donc décidément à Versailles?

NADJA.
Eh oui, sans doute !

SIMOUN, *froidement.*
Comme vous voudrez !.. ça m'est égal.

NADJA.
Il est parti pour rendre compte, disait-il, de sa mission, et m'a laissée dans un superbe salon doré... qui donnait sur un parc... je me suis élancée... ivre de bonheur et de liberté... j'ai couru... traversant les pelouses... les allées... et je suis arrivée jusqu'ici... voilà mon histoire !... et la tienne?..

SIMOUN.
En quittant Eldorado, et la pagode... je suis monté sur un grand vaisseau... où commandait M. de Labourdonnaye, l'amiral, qui m'avait fait l'honneur de me prendre avec lui pour battre ses habits... cirer ses bottes... et autres détails de la vie intime..... auxquels je renonçai, parce que cela me fatiguait... et je n'aime pas à me fatiguer. On me conseilla en débarquant de me mettre professeur de langue indienne... ma langue maternelle...

NADJA.
C'était une idée!..

SIMOUN.
On m'aboucha avec un savant... un professeur du Collége de France, nous ne pûmes nous entendre...

NADJA.
Comment cela?

SIMOUN.
Il soutint que je ne savais pas l'indien!.. Le fait est que je ne comprenais pas un mot du sien. Et toujours cherchant une condition où il n'y aurait rien à faire... je suis entré successivement chez une demi-douzaine de maîtres exigeants auxquels j'ai donné congé. Le dernier est M. Géronval, un financier.

NADJA.
Je le connais!.. celui qui ressemble au singe vert!

SIMOUN.
C'est vrai!.. il y a quelque chose... il m'avait amené avec lui... dans sa voiture... derrière... ici dans ce château.

NADJA.
Ce château!.. quel est-il?..

SIMOUN.
Je ne le connais pas!

NADJA.
Et chez qui sommes-nous donc?..

SCÈNE V.
LES PRÉCÉDENTS, MARDOCHE.

MARDOCHE.
Chez toi, ma fille!

NADJA, *courant se jeter dans ses bras.*
Mon père!

SIMOUN, *étonné.*
Son père!.. et l'autre... et Brama!

NADJA, *dans les bras de Mardoche.*
Après une si longue absence... après tant de tourments, quelle joie! quel bonheur de se retrouver!.. mais vous seul pouvez m'expliquer...

MARDOCHE.
Tout à l'heure... quel est cet étranger?

NADJA.
Ce n'en est pas un... c'est un ami, c'est Simoun.

MARDOCHE, *passant près de lui.*
Simoun!..

SIMOUN.
Qui est sur le pavé et qui cherche une place...

MARDOCHE.
Pour tout faire!..

SIMOUN.
Au contraire.

MARDOCHE.
J'ai ce qu'il lui faut... nous avons besoin d'un concierge... d'un suisse...

SIMOUN.
Encore un nouvel état... un Indien, qui devient Suisse!..

MARDOCHE.
Tu n'auras qu'à tirer le cordon...

SIMOUN.
Comme dans la pagode.... cela me va!..

MARDOCHE.
As-tu toujours des extases?..

SIMOUN.
Pas tant que je voudrais...

MARDOCHE.
Tu aimes donc toujours le bordeaux?..

SIMOUN.
Je ne suis pas exclusif... le champagne aussi...

MARDOCHE.
Eh bien! commence par aller déjeuner..! si cela te convient.

SIMOUN.
Air : *Dieu tout-puissant par qui le comestible.*
Ce fut toujours mon usage ordinaire!

MARDOCHE.
Va donc! l'office est là de ce côté.

NADJA.
Va, puis reviens, je reste avec mon père.

SIMOUN.
Toujours son père!.. allons, c'est arrêté.
Elle en a donc plusieurs... ça peut surprendre
Bien des nigauds qui voudraient raisonner;
Mais à quoi bon employer à comprendre
Le temps qu'on peut passer à déjeuner!

ENSEMBLE.

SIMOUN.
Oui, cet usage a toujours su me plaire,
Puisque l'office est là, de ce côté,
Ici restez auprès de votre père,
Moi, c'est par là que je me sens porté.

MARDOCHE.
A bavarder quand ton gosier s'altère,
Va, le remède est là de ce côté;
Laisse nous donc, et comme à l'ordinaire
Cours à l'office, où tu te sens porté.

NADJA.
O quel beau jour, et quel moment prospère!
Oui, de bonheur mon cœur est transporté..
Car chaque jour passé loin de mon père,
Par mon amour tout bas était compté.

(*Simoun sort.*)

SCÈNE VI.
MARDOCHE, NADJA.

MARDOCHE.
Que je te contemple encore?.. (*Montrant Simoun qui s'éloigne.*) Sa présence me gênait pour te regarder et t'embrasser... ah!.. te voilà une belle demoiselle! ce n'est plus la jeune fille gau-

che et timide, ne sachant rien de nos usages et de nos manières...

NADJA.

Je le crois bien, depuis dix-huit mois que je suis dans ce couvent...

MARDOCHE.

Dans cette prison...

NADJA.

J'ai appris tant de choses !.. mais pas tout cependant !.. et vous m'avez promis de m'expliquer...

MARDOCHE.

Je ne te dirai ni ma douleur quand je ne te vis plus, ni mes soins et mes démarches pour te retrouver ! Qui intéresser à mon sort ? j'étais pauvre ! Au bout d'une année de courses inutiles, j'étais revenu à Bordeaux presque sans ressources... une seule ! en quittant l'Eldorado, j'avais fait transporter à bord par d'Esterville deux ou trois barriques de médoc, débris de ma cargaison ! vin précieux que je n'étais pas assez riche pour boire moi-même... mais avant d'en tirer parti, je voulus m'assurer s'il ne s'était pas détérioré pendant le voyage !.. Les deux premières barriques, c'était du nectar... la troisième... c'est encore un mystère dont je ne puis me rendre compte, et que toi, déesse, tu pourrais seule m'expliquer; la troisième, la plus petite, ne contenait que du sable, du gravier auquel était mêlé par ci par là quelques pierres, des cailloux du pays !

NADJA.

Que l'on m'apportait, quand on n'avait rien de mieux à me donner ! l'offrande du pauvre !

MARDOCHE.

Cailloux bruts qui ne laissaient pas de jeter un certain éclat; j'en montrai des échantillons à un lapidaire; le prix qu'il m'en offrit me donna l'éveil; je les fis tailler... J'en avais peu par malheur, et quelques-uns valaient à peine la taille... mais d'autres... un surtout était d'un volume, d'une si belle eau, qu'il ne pouvait convenir qu'à un roi... Dès ce moment, j'eus des protecteurs et des amis... j'étais riche ! toutes les portes me furent ouvertes. j'arrivai à la cour... j'étais riche !.. Je fus présenté au roi et au ministre, qui, émerveillés de mes diamants, désiraient les acheter pour la couronne... Mais à quoi bon, des millions ! qu'en aurais-je fait !..

Air : *Des Scythes*, etc....

Je ne voulus rien céder, rien entendre,
Et le marché dut rester suspendu
Jusqu'à ce jour où l'on pourrait me rendre
Ce bien si cher, qu'hélas j'avais perdu !
« Je veux ma fille !... ou bien rien n'est conclu! »
Grâce au pouvoir qui pour moi s'intéresse,
Grâce à mon or, que partout on sema,
J'ai retrouvé bien mieux que la richesse,

J'ai retrouvé le bonheur... te voilà !
Oui, loin de toi, qu'importait la richesse,
Mon vrai trésor, mon bonheur, le voilà!
Mon seul bien, mon trésor, le voilà!

NADJA.

C'est donc cela qu'on est venu hier me chercher de par le roi avec tant d'égards et de respect ?

MARDOCHE.

Très bien !

NADJA.

Mais pourquoi me conduire ici?..

MARDOCHE.

Parce que depuis deux jours cette propriété t'appartient... ma fille !.. je cherchais pour toi un château, un palais, espérant d'un instant à l'autre que tu me serais rendue. Cette riche habitation était à vendre, à une condition: on désirait céder sur-le-champ, moi, l'acheter tout de suite ; nous avons été facilement d'accord. La propriétaire était une jeune et charmante danseuse de l'Opéra... qu'un prince étranger voulait enlever et épouser; pour cela il fallait quitter Paris incognito, malgré des engagements pris avec l'Opéra... et peut-être ailleurs encore... elle m'a donc supplié avec un sourire délicieux de ne pas parler avant quelques jours de cette vente, dont elle a emporté le prix en partant.

NADJA.

Elle est partie...

MARDOCHE.

Depuis avant-hier, pour l'Italie, nous laissant chez nous... chez toi. Et maintenant que je t'ai revue, je vais conclure avec notre jeune roi le marché dont je t'ai parlé, prince aimable et galant qui désirait que tu lui fusses présentée, qui voulait dès hier t'envoyer des fleurs des serres de Versailles.

NADJA.

Des fleurs !.. à moi !..

MARDOCHE.

Et parmi nos jeunes seigneurs... c'est à qui me demandera ma fille en mariage... oui, te voilà redevenue déesse... et plus que jamais !.. car la divinité qu'on adore ici... c'est l'or ! et tu en as!

NADJA.

Mais, mon père...

MARDOCHE.

Quoi donc ?

NADJA.

Vous ne me parlez pas d'une famille...

MARDOCHE.

Les Montauron?..ta bonne amie, Hortense? elle voulait entrer au couvent... rassure-toi? nous la marierons à d'Esterville...

NADJA.

C'est bien... mais vous ne me dites rien !

MARDOCHE.

De Géronval... il se consolera... grâce à moi !

il a besoin dans ce moment de huit cent mille livres... pour lesquelles il est à mes genoux...

NADJA.

Lu

MARDOCHE.

Comme tout le monde!.. comme la duchesse de Montauron elle-même, dont l'orgueil s'est incliné jusqu'à ma caisse... elle me demande de quoi payer les dettes de son fils...

NADJA.

De Charles !..

MARDOCHE.

Sélino... ce jeune insulaire autrefois si naïf... et si pur... aujourd'hui, un mauvais sujet... un libertin...

NADJA.

Ce n'est pas possible... un tel changement !..

MARDOCHE.

En dix-huit mois !.. les avantages de la civilisation... il est devenu, comme on dit aujourd'hui, un roué... il consacre les nuits aux petits soupers, au brelan, au biribi et aux femmes aimables... Si j'évitais de t'en parler, mon enfant, c'est que je savais qu'il n'était plus digne de toi... et c'est moi, maintenant, qui m'opposerais à votre mariage... les millions ont droit de choisir, et j'ai choisi... un prince... oui, un prince... jeune, aimable... il te plaira, j'en suis sûr... et tu auras bientôt oublié Charles.

NADJA, *vivement*.

Oui... si je puis avoir des preuves... de...

MARDOCHE.

Tais-toi !.. c'est notre nouveau concierge.

SCÈNE VII.

LES PRÉCÉDENTS, SIMOUN, *habillé en suisse d'hôtel*.

SIMOUN, *à moitié gris*.

Comme autrefois !.. c'est bien cela !.. nous voilà revenus dans la pagode !

MARDOCHE, *le voyant chanceler*.

C'est-à-dire que tu as bu...

SIMOUN.

Comme autrefois ! toujours du même... celui du caveau sacré... je l'ai reconnu !

MARDOCHE.

Quand tu vidais les barriques de Brama !

SIMOUN.

Et que je remplissais le vide avec les cailloux du pays !

MARDOCHE ET NADJA, *poussant un cri de surprise*.

Air : (*Vaudeville de* Turenne.)

Qu'entends-je ? ô ciel !

NADJA.

Quelle étrange aventure !

MARDOCHE.

Quoi, ces cailloux...

NADJA.

Provenaient de ta main?

SIMOUN.

J' l'atteste ici ! c'est la vérité pure !
Aussi pure que votre vin !

MARDOCHE, *riant*.

Ce bon Simoun, qui buvait notre vin...

NADJA.

Sans le vouloir, ô rencontre opportune !..

MARDOCHE.

Il nous enrichit en buvant !

SIMOUN.

S'il n' tient qu'à ça, j' pass'rai, dorénavant,
Mes jours à fair' votre fortune !

MARDOCHE.

Tu la partageras du moins !

SIMOUN, *avec enthousiasme*.

O Brama !

NADJA.

Ta vie s'écoulera auprès de nous, à ne rien faire !..

SIMOUN, *de même*.

O Nadja !!! je me le disais bien, depuis une demi-heure, c'est l'Eldorado !.. c'est la pagode !.. c'est même mieux encor !

MARDOCHE.

Comment cela ?

SIMOUN, *toujours gris*.

Imaginez-vous qu'à chaque instant, ce sont des offrandes qu'on apporte, comme autrefois, pour la déesse !

MARDOCHE.

En vérité !

SIMOUN.

Je tire le cordon. — Entrez ? — Des vases superbes, des vases sacrés... — Pour qui ? — Pour votre maîtresse...—Puis. (*Faisant le geste d'offrir de l'argent.*)— Pour vous. (*Faisant le geste de mettre dans son gousset.*) — C'est bon ! — On frappe encore !.. (*Faisant le geste de tirer le cordon.*) Des paniers de fruits, de la part du vicomte ! du gibier que le duc envoie de sa chasse ! O Brama ! nos beaux jours sont revenus !

MARDOCHE, *souriant en regardant Nadja*.

Je comprends !

SIMOUN, *balbutiant*.

Vous comprenez !.. Moi j'y ai renoncé ! Cela vaut mieux ! à telles enseignes que je viens d'ouvrir l'enceinte du temple à ce petit jeune homme, autrefois si dévot !.. il ne m'a pas reconnu... mais, moi, je me suis dit, tout de suite : C'est le petit Sélino !...

NADJA, *vivement et à part*.

Charles !...

SIMOUN.

Qui vient sans doute, comme autrefois, apporter des fleurs à la déesse !... il m'a glissé deux pièces d'or dans la main. (*Les montrant.*) Entrez !.. et il m'a dit : Cette lettre à l'instant à ta maîtresse !... (*La tirant de sa poche.*)

MARDOCHE, *la prenant*.

Donne ?

NADJA, *avec joie.*
Vous voyez bien !...
MARDOCHE, *qui a jeté les yeux sur le billet.*
Ne te réjouis pas, mon enfant! il y a sur ce billet : « Azoline.... premier sujet de l'Opéra ! «
NADJA, *se laissant tomber sur le fauteuil à gauche près de la croisée.*
O ciel !
MARDOCHE, *décachetant la lettre.*
Et comme elle m'a prié d'ouvrir les lettres qui arriveraient pour elle... il n'y a pas de danger !.. (*Lisant.*) C'est bien cela!.. J'avais deviné d'avance, et elle aussi, le contenu !
NADJA, *à part.*
Ah! je donnerais tout au monde pour le voir un instant! ne fût-ce que pour l'accabler de reproches !..
MARDOCHE, *qui a parcouru la lettre tout bas, l'achevant à voix haute.*
« J'attends votre réponse sous vos fenêtres, et
« si vous ouvrez la croisée du petit pavillon...
(*Nadja pousse vivement la persienne qui est près d'elle et se lève vivement, en voyant son père qui fait un pas vers elle.*)
MARDOCHE, *lui tendant la lettre.*
Tiens, mon enfant, tu voulais des preuves !... il ne pouvait nous en arriver de plus évidentes ; aussi, quand tu auras lu, je suis persuadé que tu oublieras bien vite M. de Montauron. Moi, je n'oublierai pas que son père a été notre maître et je vais demander, (*Montrant la lettre qu'il tient encore.*) pour le duel dont il parle, sa grâce au roi; de plus, nous paierons ses dettes !.. Tout, en un mot, pourvu qu'il ne soit pas mon gendre ! (*Lui remettant la lettre.*) Adieu !.. lis et réfléchis. (*Se retournant vers Simonn, qui a tiré une bouteille de sa poche et qui boit.*) Toi, viens avec moi ?
SIMOUN, *le suivant en chancelant.*
Oui, Brama ! (*Ils sortent tous deux.*)

SCENE VIII.
NADJA, *seule, lisant vivement la lettre.*
« Mademoiselle,
« En garnison depuis trois mois à Strasbourg,
« je n'ai pu assister à vos débuts; les gazettes
« seules et les lettres de mes amis m'ont appris
« vos succès et votre beauté, et je vous adorais
« déjà, avant de vous connaître !... » (*S'interrompant avec indignation.*) Par exemple ! (*Continuant.*) « Arrivé hier soir à Paris, j'ai couru à
« l'Opéra ! Par malheur, vous n'y dansiez pas ! «
(*S'interrompant.*) Je crois bien ! elle était déjà sur la route d'Italie ! (*Continuant.*) « Mais au
« foyer, il n'était question que de votre dernier
« pas dans le ballet des *Égarements de l'Amour;*
« une vive discussion étant engagée sur vous et
« sur une de vos rivales, la *Duchamp*, qu'on osait
« vous comparer, dans mon indignation, j'ai pris
« si hautement votre défense, qu'un monsieur
« s'en est formalisé. Il s'est trouvé que c'était le
« duc de Modène, un des adorateurs de la *Du-*
« *champ*! Nous nous sommes battus à l'épée... »
(*Avec effroi.*) O mon Dieu ! « Le duc est blessé et
« l'on me poursuit !... Je ne demande rien, mais
« vous conviendrez, belle Azoline, qu'il serait
« trop cruel de mourir pour vous sans vous avoir
« vue! j'attends votre réponse, sous vos fenêtres,
« et si vous ouvrez la croisée du petit pavillon,
« je croirai qu'il m'est permis de tout espérer ! »
(*Avec terreur et colère.*) De tout espérer !.. et moi. qui ai ouvert cette fenêtre !.. (*Courant à la croisée.*) Ah! fermons-la... (*Voyant la porte du fond qui s'ouvre.*) Il n'est plus temps !.. (*Elle tombe sur un fauteuil à gauche.*)

SCÈNE IX.
NADJA, *assise à gauche*, CHARLES, *entrant par le fond.*
CHARLES, *gaiement.*
Voilà les romans que j'aime ! imprévus, rapides et sans exposition !
NADJA, *à part, le regardant timidement.*
C'est lui !.. mon Dieu! quel changement !
CHARLES, *s'avançant et apercevant Nadja, qui, assise sur le fauteuil, lui tourne le dos.*
Elle tient ma lettre, qu'elle relit. (*Haut.*) Je vois, Mademoiselle, que vous n'êtes point ingrate.,. et c'est beau. (*S'approchant toujours.*) Et puisque vous me le permettez... (*La regardant et restant stupéfait.*) O ciel !
NADJA, *se levant gravement et d'un ton froid.*
Qu'avez-vous donc, Monsieur ?
CHARLES, *troublé.*
Ce que j'ai !.. (*A part.*) Parbleu ! c'est à confondre ! et quoique cela ne se ressemble pas de manières et de tournure... (*Haut.*) Ne vous offensez pas, Mademoiselle, de ma surprise... je veux dire.. de mon admiration ?.. Mais êtes-vous bien sûre... d'être Azoline ?..
NADJA, *feignant l'étonnement.*
Comment, Monsieur ?..
CHARLES, *cherchant à se reprendre.*
Non !.. je veux dire... Est-ce bien vous qui avez débuté il y a trois ans à Vienne, et cette année à Paris ?
NADJA, *froidement.*
Oui, Monsieur !
CHARLES.
Vous, dont l'archiduc fut le premier adorateur...
NADJA, *à part.*
Ah! mon Dieu!.. mais c'est très désagréable, un nom comme celui-là !..
CHARLES, *vivement et voyant qu'elle hésite.*
Ah !.. ce n'est pas vous!
NADJA, *vivement.*
Si, Monsieur !

CHARLES.
Vous, pour qui Géronval...
NADJA, *effrayée*.
Encore! (*Vivement.*) oui, Monsieur...(*Avec impatience*) oui, oui, oui, oui!

CHARLES, *de même*.
Eh bien! Mademoiselle, c'est prodigieux... incompréhensible!... et à moins que vous n'ayez une parente... une sœur...

NADJA, *vivement*.
Une sœur!... oui, vraiment!... perdue à deux ou trois ans... embarquée, naufragée!

CHARLES.
Ah! c'est donc cela!

NADJA.
Que du reste, je n'ai jamais connue!

CHARLES, *avec chaleur*.
Mais je l'ai vue, moi!

NADJA, *de même*.
Et vous l'aimiez!..

CHARLES, *avec amour*.
Si je l'aimais!.. (*Se reprenant.*) Moi! jamais! C'était à peine un caprice!..

NADJA, *à part*.
Ah! l'indigne!

CHARLES, *se retournant vers Nadja d'un air galant*.
C'eût été différent, si elle avait eu, ma toute belle, ton élégance et ta grâce!

NADJA, *sèchement*.
D'abord, Monsieur, je vous prie de ne pas me tutoyer!

CHARLES, *riant*.
Ah! très bien! très bien!.. A cause du prince italien!.. qui a, dit-on, supplanté Géronval! Est-ce que, réellement, vous seriez déjà princesse? Et quand il serait vrai!..

Air : *Restez, restez, troupe jolie.*

Votre Altesse, tout me l'assure,
Doit posséder un cœur clément;
Et pardonnez, si sa figure
M'avait fait oublier son rang!
Déjà, d'ailleurs, sans vous connaître,
Vous le savez, je vous aimais!..
(*Lui prenant la main.*)
Le feu qui de loin nous pénètre,
Brûle bien plus encor... de près!

NADJA, *retirant sa main avec colère*.
Comment croire, Monsieur, à une pareille passion?

CHARLES, *avec ironie*.
Une passion!.. (*Riant.*) Je n'ai pas parlé de cela! J'en suis revenu, grâce au ciel!

NADJA, *à part*.
Ah! mon père disait vrai!

CHARLES.
Ce qui n'empêche pas, belle Azoline, qu'on ne soit sensible! Sensibilité raisonnable, qui n'a rien d'exagéré dans son expression et surtout dans sa durée!

NADJA, *retirant sa main qu'il veut prendre*.
Laissez-moi, Monsieur, laissez-moi!

CHARLES, *riant*.
Non, vraiment! Vous m'avez accepté pour votre chevalier, vous m'avez dit : Venez! Et comme César, *je suis venu, j'ai vu...*

NADJA.
Laissez-moi, vous dis-je?

CHARLES.
Hein? quoi! de la rigueur et des grands airs!

Air de la *Fricassée.*

Mademoiselle, on le saura,
Oui, vous seule
Êtes aussi bégueule!
Mademoiselle, on le saura.
Oui, vous faites du tort à l'Opéra!
Quoi! dans un pareil moment
Vous faites du sentiment!
Une duchesse, vraiment
Eût du roman
Déjà brusqué le dénouement!
Mademoiselle, on le saura.
Oui, vous seule
Êtes aussi bégueule!
Mademoiselle, on le saura;
Oui, vous faites du tort à l'Opéra!

NADJA, *à part*.
Est-il possible! Eh quoi! c'est lui?
Ah! plus d'espoir, tout est fini!

Air : *Quand une belle* (des Maris garçons).
(*Haut.*)
Ah! c'en est trop! pareil discours me blesse!
A d'autres cœurs que votre amour s'adresse!
Votre tendresse (*bis.*)
N'obtiendra rien avec de tels aveux!
Cessez! cessez! oui, je le veux!

CHARLES.
Quoi! des façons et des airs de Lucrèce!
Ah! c'en est trop!.., Oui, c'est trop de sagesse,
Cœur de tigresse (*bis.*)
Il en est temps, répondez à mes vœux?
Finissons-en! c'est ennuyeux!

NADJA, *le repoussant avec indignation*.
Sortez, Monsieur. Sortez, je vous l'ordonne!

CHARLES, *riant*.
C'est parler en Roxane!

NADJA, *tombant sur le canapé à droite*.
O mes illusions! ô mes rêves perdus!
(*Elle écrit vivement à la table qui est près d'elle.*)
CHARLES, *derrière elle, au milieu du théâtre*.
Je m'éloigne, Mademoiselle, je m'éloigne! (*A part.*) C'est dommage!.. Ne fût-ce que pour la ressemblance!.. (*Regardant le panneau à gauche, et voyant paraître Géronval qui le referme mystérieusement.*) Une porte qui s'ouvre avec mys-

tère... C'est Géronval! Je comprends! on l'attendait!
GÉRONVAL.
Enfin! elle est ici! C'est bien heureux.
CHARLES, *voyant la porte à droite près du canapé s'ouvrir également.*
Un autre encore! Décidément je suis de trop! (*Il se rapproche de la porte du fond.*)

SCENE X.

CHARLES, *au fond du théâtre*, NADJA, *sur le canapé à droite*, GÉRONVAL, *ouvrant la porte à gauche*, SIMOUN, *entre en ouvrant la porte à droite.*

SIMOUN, *toujours gris, et s'adressant à demi-voix à Nadja.*
Brama m'envoie savoir votre réponse!
NADJA, *lui remettant le billet qu'elle vient d'écrire.*
Tiens! le voici! va vite! (*Simoun ferme la porte et disparaît.*) J'obéirai! j'épouserai qui il voudra!
GÉRONVAL, *entendant le bruit de la porte que Simoun vient de refermer et se retournant brusquement.*
Elle n'y était pas seule! Il est donc vrai!.. la perfide!..
CHARLES, *qui était resté au fond les bras croisés.*
Gare les explications! (*Il s'enfuit en riant.*)
GÉRONVAL, *qui a entendu l'éclat de rire.*
Un rival!.. et rire encore!.. rire à mes dépens. (*Se retournant vers Nadja.*) après ce que j'ai fait pour vous!
NADJA, *se retournant avec impatience.*
Qu'est-ce encore?
GÉRONVAL, *la regardant.*
Dieu! que vois-je?.. cette jeune fille... que l'autre année... à Bordeaux... (*D'un air méprisant.*) la petite Nadja!..
NADJA, *avec dignité.*
La fille de Mardoche, Monsieur!
GÉRONVAL, *s'inclinant.*
C'est vrai!... Ce riche capitaliste... qui m'a promis de me prêter...
NADJA.
Huit cent mille livres!.. (*Mouvement de Géronval.*) Vous les aurez, Monsieur, à une condition; c'est que vous ne détromperez pas M. de Montauron, qui me prend pour Azoline...
GÉRONVAL, *étonné.*
Comment!
NADJA.
Vous ne lui parlerez plus de moi?
GÉRONVAL,
Qu'est-ce que cela signifie?..
NADJA.
Pas d'explication!

Air: *Je viens de voir notre comtesse* (boléro de Léocadie.)
Je veux de vous cette promesse,
Ou mon père, par mon avis,
Vous fermera soudain sa caisse!
GÉRONVAL, *vivement.*
Ah! sans raisonner j'obéis!
A vos genoux, je tombe, enchanteresse!
NADJA, *à part et contemplant Géronval qui est à ses pieds.*
Tu disais vrai, mon père... la richesse
Est, hélas! la seule déesse
Que l'on adore en ce pays!

SCENE XI.

LES PRÉCÉDENTS, CHARLES, *rentrant par le fond.*
CHARLES, *voyant Géronval aux genoux de Nadja.*
C'est encore moi!... pardon!.. désolé de déranger une réconciliation!...... ce n'est pas ma faute!... la maison est cernée! c'est moi que l'on poursuit!.. toujours ce maudit duel, (*A Nadja.*) et en conscience, Mademoiselle me doit un asile! (*A Géronval qui le regarde d'un air étonné.*) Oui mon cher, je me suis battu pour elle... une ingrate qui me rappelle... vous savez... la petite Nadja sa sœur... qui était encore plus coquette... si c'est possible! il paraît que c'est de famille!..
NADJA.
Qu'est-ce que cela signifie! ma sœur?..
CHARLES, *riant.*
Eh parbleu!.. une ingénue qui s'est fait enlever par d'Esterville mon ami intime!
GÉRONVAL, *à part avec embarras.*
O ciel.
CHARLES.
Qui est partie avec lui sur son vaisseau!
NADJA, *tremblante d'émotion.*
Qui a dit cela!
CHARLES.
Géronval, lui-même, et ma mère...
NADJA, *de même.*
Vous! Monsieur!
GÉRONVAL.
Moi! grand Dieu!
NADJA, *le pressant.*
Enfin! l'avez-vous dit?
GÉRONVAL.
Involontairement..... Entendons-nous! C'est moi! et pourtant ce n'est pas moi! C'est madame la duchesse qui, pour sauver son fils, avait inventé cette ruse... maternelle!
CHARLES, *poussant un cri.*
Ah!...

ENSEMBLE.
Air: *C'en est trop! mon honneur* (de Philippe).
CHARLES.
O regret! ô douleur!

Je la croyais coupable !
(*Menaçant Géronval.*)
Ah! craignez la fureur
Qui déborde en mon cœur !...
Le désespoir m'accable!
O trop fatale erreur !
Ma mère, impitoyable,
Aura fait mon malheur !

NADJA.

Je comprends son erreur !
(*A Charles, montrant Géronval.*)
Grâce pour le coupable ;
Vous voyez sa frayeur ;
Calmez votre fureur !
(*A part.*)
Le regret qui l'accable
Vient consoler mon cœur.
Je le crois moins coupable
En voyant sa douleur !

GÉRONVAL.

Je ne suis pas l'auteur
D'une ruse semblable !
(*A Nadja, montrant Charles.*)
Mais calmez sa fureur,
Car je tremble de peur !
Si le fait est blâmable,
Et si, par cette erreur,
Sa mère fut coupable,
C'était pour son bonheur !

(*Charles est tombé, accablé, assis près de la table à gauche, et cache sa tête entre ses mains.*)

SCÈNE XII.

CHARLES, *à gauche, comme absorbé dans sa douleur;* NADJA, GÉRONVAL, MARDOCHE, *entrant par le fond.*

NADJA, *l'apercevant et courant à lui.*

Silence. Mon père ! (*Lui montrant Charles.*) Il est là !

MARDOCHE, *à voix basse.*

Qu'importe ? Voici ses dettes payées et voici sa grâce !

NADJA, *prenant les papiers.*

C'est bien !

MARDOCHE, *de même.*

Nous sommes quittes !.. Qu'il s'éloigne !.. Car j'ai ta promesse de m'obéir !

NADJA, *vivement.*

Je la tiendrai ! Quelques minutes seulement ! (*Montrant la porte à droite.*) Là... ainsi que Géronval... écoutez ? et après... ce que vous déciderez...

MARDOCHE.

Tu y souscriras !

NADJA.

Je vous le jure !

GÉRONVAL, *à demi-voix, et entraînant Mardoche dans le cabinet à droite.*

Dès qu'elle vous le promet ! venez ? (*Ils disparaissent tous deux.*)

SCENE XIII.

CHARLES, *assis à gauche;* NADJA, *s'approchant de lui.*

NADJA, *timidement.*

Monsieur !..

CHARLES, *sortant de son accablement et relevant la tête.*

Pardon, Mademoiselle, pardon !.. vous étiez là. J'avais tout oublié... Une foule d'idées et de souvenirs ! (*Avec colère.*) Et ce Géronval... (*Se modérant.*) Si je ne l'ai pas étranglé... c'est bien pour vous !

NADJA

Je vous en remercie... pour lui...

CHARLES.

Adieu, Mademoiselle !..

NADJA.

Vous sortez ?.. Et la maison, qui est cernée.. et les gardes, qui vous attendent pour vous arrêter ! Ne partez pas encore... je vous en supplie !

CHARLES.

Mais songez donc, Mademoiselle, que les gens qui m'attendent peuvent rester jusqu'à ce soir... et plus tard peut-être !..

NADJA.

Qu'importe !

CHARLES.

Qu'entends-je ? vous qui tout à l'heure m'ordonniez de m'éloigner !

NADJA.

Quand ce départ ne vous exposait pas !.. mais maintenant qu'il y va de votre liberté !.. (*Avec coquetterie.*) A moins que vous ne la croyiez ici... plus en danger encore !

CHARLES.

Non ! non !.. je ne crains rien ! car je me rappelle vos dédains, vos refus de tout à l'heure !

NADJA, *s'asseyant sur un canapé.*

Ah ! vous avez de la fierté ! Et qui vous dit, Monsieur, que la mienne n'était pas de la prudence ? Qui vous dit que je n'avais pas au fond du cœur... un faible, un sentiment soudain que je m'efforçais de cacher !

CHARLES, *se rapprochant.*

Vous !

NADJA.

Moi !

CHARLES.

Ah ! coquette !

NADJA.

C'est mon état ! et si j'ajoutais que ce sentiment... vous en êtes l'objet... que répondriez-vous ?

CHARLES, *avec chaleur.*

Ce que je vous répondrais !.. c'est que depuis plus d'un an j'ai dissipé ma fortune et engagé mon patrimoine ! que je suis devenu joueur et mauvais sujet, qu'enfin je n'ai reculé devant aucune extravagance... le tout pour m'étourdir, pour me soustraire à un charme sous lequel un seul mot vient de me faire retomber... à un souvenir que rien ne pourra effacer de ma pensée.

NADJA, *avec coquetterie.*

Pas même moi !.. C'est ce que je voudrais bien voir !.. D'abord... elle me ressemblait !

CHARLES, *avec indignation.*

Elle !.. vous ressembler !

NADJA.

Vous me l'avez dit.

CHARLES.

Ah! quelle différence! et quelle était mon erreur!

NADJA.

Enfin... il y avait quelque chose... un air de famille.

CHARLES.

Je ne dis pas... mais Nadja !

NADJA.

Et ce qu'elle n'aurait jamais fait pour vous... moi, je puis le faire !

CHARLES.

Que voulez-vous dire ?

NADJA, *se levant.*

Eh mais... par exemple, vous rendre votre fortune, payer vos dettes, et même vous faire obtenir votre grâce !

CHARLES.

Ce n'est pas possible !..

NADJA.

La voici !.. signée du roi, et l'on n'y met qu'une condition, c'est que vous accepterez la main qui vous la présente !..

CHARLES.

Une offre semblable... à moi ! (*Souriant.*) Je devine ! le prince n'épouse plus ! et comme vous tenez aux titres, aux blasons, vous aspirez à celui des Montauron.

NADJA.

C'est vrai !

CHARLES.

Vous voulez être duchesse.

NADJA, *gaiement.*

Eh bien... oui ! j'en conviens franchement. (*Avec tendresse.*) Refusez-vous à ce prix, ma fortune et mon amour !..

CHARLES, *la regardant.*

Eh bien, donc !.. et puisque vous le voulez...

NADJA, *à part avec effroi et regardant du côté du cabinet à droite.*

O ciel !

CHARLES.

Puisque vous le voulez absolument...

NADJA, *troublée.*

Moi !.. Monsieur !

CHARLES.

Je vais tout vous dire !

PREMIER COUPLET.

Air : *Ces bois épais ont caché ma bergère.* (de Dominich.)

Votre beauté, par le talent plus belle,
Tous vos succès, votre or et votre cour,
Ne valaient pas Nadja, même infidèle !..
NADJA, *à demi-voix, du côté de la porte.*
Entendez-vous ? est-ce là de l'amour !

CHARLES.

DEUXIÈME COUPLET.

Mais dans son cœur, tout est pur et céleste,
Comme chez vous tout est ruse et détour !
Je l'aime tant, qu'enfin je vous déteste !..
NADJA, *de même.*
Vous l'entendez !.. est-ce là de l'amour !

CHARLES, *qui pendant ce dernier vers a été prendre son chapeau.*

Adieu !.. adieu !..

(*Il s'élance vers le fond. En ce moment, on entend l'air de l'entrée des Bayadères au premier acte, et Charles, qui allait sortir, s'en trouve empêché par Simoun, qui entre, suivi de domestiques en riche livrée, et de jeunes filles, portant des fleurs.*)

SCÈNE XIV.

LES PRÉCÉDENTS, SIMOUN, DOMESTIQUES ET JEUNES FILLES, *puis* MARDOCHE *et* GÉRONVAL.

SIMOUN, *à haute voix et chancelant encore un peu.*

Entrez !.. c'est de la part du roi... des fleurs !.. des fleurs partout !.. comme autrefois... dans la pagode !

CHARLES, *le prenant par la main et l'amenant au bord du théâtre.*

La pagode !.. Que veux-tu dire ? (*Le regardant attentivement.*) O ciel !.. Simoun ! comment es-tu ici ?

SIMOUN.

Ça ne me regarde pas ! Demandez à la déesse.

CHARLES, *regardant autour de lui comme un homme en délire.*

Quoi... la déesse... Simoun... (*Poussant un cri en voyant entrer Mardoche et Géronval.*) Mardoche !..

SIMOUN.

La pagode toute entière, y compris le singe vert. (*Charles, sur un geste de Nadja, s'est précipité à ses pieds.*)

CHOEUR.

Air du *Dieu et la Bayadère*.

Qu'enfin pour lui s'ouvrent les cieux,
Que son bonheur ici renaisse,
Car c'est Nadja, c'est la déesse :
Qui le transporte au rang des dieux !

CHARLES.

O doux miracle qui m'étonne !..

NADJA.

Ici, Monsieur, tout vous le dit ;
Oui, c'est Nadja qui vous pardonne !

MARDOCHE.

Et c'est Brama qui vous unit !..

NADJA, *au public*.

Air du *Dieu des bonnes gens*.

J'ai grand besoin, Messieurs, que l'on protége
Et ma puissance, et ma divinité ;
Fille des cieux, mon premier privilége
Devrait d'abord être l'éternité !
A m'en flatter je ne suis pas si prompte,
A la Déesse, accordez, par bonté,
Deux ou trois mois pour vivre !.. comme à-compte,
Sur l'immortalité ! (*bis*.)

FIN.

IMPRIMERIE HYDRAULIQUE DE GIROUX ET VIALAT, A LAGNY.

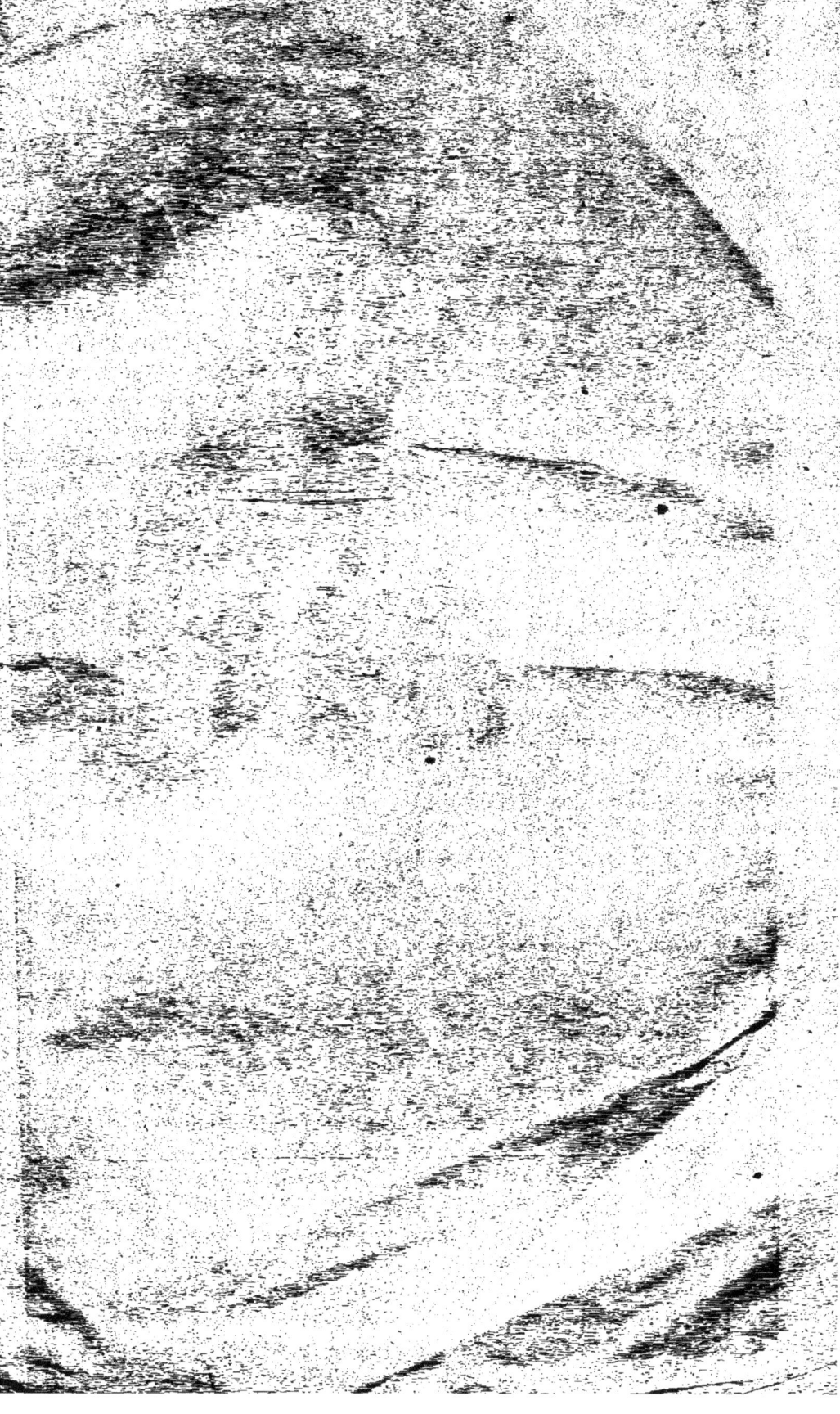

LAGNY. — Imprimerie hydraulique de Giroux et Vialat.

www.ingramcontent.com/pod-product-compliance
Lightning Source LLC
Chambersburg PA
CBHW060503050426
42451CB00009B/786